Divorcio
Cómo salir adelante

Una guía práctica para reconstruir tu vida
durante y después de la separación

Alicia García

ÍNDICE

Hay cosas que no queremos que sucedan, pero tenemos que aceptarlas, cosas que no queremos saber, pero tenemos que aprender, y personas sin las que no podemos vivir, pero tenemos que dejar ir.

Autor Desconocido

Introducción

Sé que al adquirir este libro seguramente estás pasando por una experiencia muy difícil, pero ¡qué bueno que estás leyendo! Eso significa que no estás conforme con cómo se han dado las cosas hasta ahora y estás buscando ayuda.

Mientras sea salvable una relación matrimonial, el divorcio siempre será una experiencia desagradable que deberá evitarse lo más que se pueda, sin embargo hay veces que sucede y hay que seguir adelante. Lamentablemente el divorcio es una realidad actual que la sociedad vive a diario.

No hay duda alguna sobre el hecho de que el divorcio puede ser difícil, y uno de los aspectos más complejos de sobrellevar es la reconstrucción de tu vida.

Todo eso fue lo que viví hace unos años. Luego de sufrir por mucho tiempo, y después de salir de un divorcio bastante complicado, pensé que las cosas se volverían a encarrilar. Pero resultó todo lo contrario. La triste realidad era que me sentía incapaz de seguir adelante con mi vida. No sabía por dónde empezar, aunque lo único que sí sabía era que tenía que hacer algo, y con urgencia.

Fue entonces cuando empecé a leer todo lo que pude sobre el tema para mejorar mi situación después del divorcio. ¡Lo que descubrí cambió mi vida por completo!

Luego de poner en práctica todo lo que aprendí y después de rehacer mi vida, comencé a compartir mis experiencias con amigos y familiares, lo que a su vez, por medio del boca a boca, me llevó a que un tiempo más tarde lo compartiera con otros de sus amigos y familiares. Casi sin quererlo empecé a llegar a más y más gente con lo que había descubierto.

Esto hizo que tuviera que ordenar mis ideas y todo lo que había aprendido acerca del tema, como así también recopilar testimonios y casos de la vida real, los cuales son muy útiles para descubrir cómo resolver situaciones complicadas y sin aparente solución.

Casi sin pensarlo tenía páginas y páginas de ayuda con orientación y consejos prácticos sobre el tema. El día de hoy, y con este libro que tienes en tus manos, me propongo compartir todos mis secretos contigo para que aprendas cómo reconstruir tu vida después del divorcio, por más duro que éste haya sido.

En el primer capítulo de este libro veremos muy brevemente las dimensiones del problema en números, las diferentes etapas del divorcio y responderemos la clásica interrogante que pregunta si realmente existe vida después del divorcio.

A continuación te mostraré cómo dejar de llorar y lamentarte durante toda la etapa de divorcio, cómo mirar a tus amigos a la cara durante el proceso y cómo reconstruir, fortalecer y mantener en alto tu autoestima.

En el tercer capítulo nos ocuparemos acerca de todo lo que tiene que ver con reconstruir tu vida: abogados, las reglas del divorcio, nuevos pasatiempos, amistades, tu relación con tu ex, apartamentos, cómo encontrar un nuevo trabajo, cómo superar lo que escuchas y cómo lidiar con asuntos de dinero.

Más adelante veremos las mejores maneras de enfrentar el divorcio cuando hay niños de por medio. Conocerás todos los detalles sobre la manutención de los niños y cómo se sienten durante esta difícil etapa. Aquí incluyo testimonios reales de adultos que pasaron por esta experiencia en su niñez. Te sorprenderás con lo que tienen para decir.

El último capítulo trata íntegramente sobre cómo rehacer tu vida. Abarcaré temas como tus relaciones sexuales, aquellos amigos y familiares que quedaron en tu vida, tu historial de crédito, tus hijos y otros temas. Descubrirás cómo avanzar emocionalmente en todas estas áreas para seguir adelante con tu nueva vida.

Al final de este libro encontrarás un libro complementario totalmente gratis, en el cual encontrarás información sobre cómo sobrellevar el estrés y la frustración en tu relación y las 14 cosas que deberían dialogarse en pareja antes de decidir ventilarlas a terceros.

1

Lo primero que debes saber

Las dimensiones del problema en números

En los Estados Unidos, uno de cada dos matrimonios se divorcia. En países como Inglaterra y Francia es uno de cada tres. Estas estadísticas muestran cómo avanza el divorcio en los países desarrollados. Lo que esto significa es que más del 40% de los niños de estos países vivirán con sus padres durante la primera etapa de su niñez, y luego de un divorcio lo harán con uno de sus padres y su nueva pareja, en la segunda etapa de su vida.

No hace falta indagar mucho para llegar a la conclusión

de que hoy en día los índices de separación y divorcio son cada vez más elevados con respecto a años anteriores. Las estadísticas confirman que entre un 40 y 50% de los matrimonios terminan en divorcio. Con respecto a los niños, casi cuatro de cada diez niños nacidos entre los años 1980 y 1990 pasarán parte de su niñez en una familia conformada por un solo padre. Otros estudios indican que de cada 100 parejas que han contraído matrimonio, cinco viven bien integradas, veinticinco se separan, y el restante setenta viven con conflictos diariamente. Generalmente las parejas que se divorcian tienen historias de divorcio en sus familias, y es más frecuente que se dé en matrimonios que se han casado jóvenes o que provienen de distintos niveles socioeconómicos.

Etapas del divorcio

El divorcio es una experiencia emocional diferente a cualquier otra en la sociedad moderna, y diferentes personas lo experimentan de maneras diferentes. Mientras que algunas personas experimentan casi todos los estados emocionales extremos que describiré a continuación, otras lo llevan más fácilmente y pueden maniobrar sobre las aguas agitadas de este período con más habilidad.

La amplia gama de estados emocionales que muchas personas experimentan durante las primeras etapas del proceso de divorcio pueden disminuir su capacidad para pensar con claridad, perjudicar su juicio y dificultar la toma de decisiones racionales. Si bien es cierto que cada historia de pareja es diferente, el proceso de divorcio tiene algunas características comunes que me gustaría ver muy brevemente.

Pre-ruptura: En general se da poco antes de la separación concreta, cuando se comienza a evaluar el divorcio como un paso necesario. En esta etapa es donde se enfocan los diferentes esfuerzos por evitar el desenlace planeado. Es muy frecuente que los hijos acompañen la problemática de la pareja, ya sea al utilizarlos como aliados o como simples razones para continuar adelante.

En esta etapa hay una desilusión y desencanto en alguna de las partes, existen vagos sentimientos de descontento, argumentos, resentimientos almacenados y abusos de confianza. Los problemas son reales, pero no son reconocidos. Se crea así una mayor distancia entre las dos personas que produce una falta de reciprocidad. Los sentimientos más comunes en esta etapa son el miedo, la negación, la ansiedad, la culpa, el amor, la ira y la depresión.

Un obstáculo imprescindible en esta etapa es el resultado de la evaluación con miras a la continuidad del matrimonio. La pareja debe decidir si la separación puede llegar a convertirse en un divorcio destructivo o atentar de alguna manera contra la salud mental de algún miembro de la familia en cuestión.

Ruptura: En esta etapa las dos partes aceptan la incapacidad de resolver los conflictos maritales para seguir adelante con la relación. Es fundamental que se reconozca la inestabilidad que provoca el divorcio, pues en muchas ocasiones alguna de las partes no acepta la responsabilidad, llegando así a culpar al otro o a un tercero por las muchas faltas, sin examinar sus propios compromisos en los problemas de pareja. En esta fase es necesario que ambos diferencien las funciones parentales de las maritales. Aquí se deben presentar los pactos legales sobre los hijos y los bienes a repartir, en loa cuales es muy común ver que la madre renuncie a los bienes para quedarse con sus hijos, mientras que el padre hace al revés, según lo haya establecido la ley y la sociedad.

En esta etapa se crea y se afirma una clara distancia emocional menospreciando a la otra persona a fin de dejarlo, lo cual es pocas veces reversible, ya que se ha considerado previamente por largo tiempo. Ambas partes se sienten víctimas de la otra, y en esta fase se experimenta enojo, resentimiento, tristeza, culpa, ansiedad para la familia, el futuro e impaciencia con otros.

Comienzo del proceso legal: Se llega entonces a la separación física, la cual es consecuencia de la separación emocional iniciada mucho antes de este proceso. Se anuncia la decisión a familiares y amigos. Se empieza a obtener asesoramiento jurídico y el establecimiento de precedentes legales: los niños, el apoyo económico, el hogar, etc. Por lo general, cuando los niños se enteran, pueden sentirse responsables, por lo que es muy importante acompañarlos en todo este proceso. Veremos esto con más detalle a medida que avancemos.

Creciente aceptación: Esto se da durante el proceso legal o después. Se acepta que el matrimonio fracasó y llegó a su final. Se recupera la sensación de poder y control, y se hacen nuevos planes para el futuro, se instaura una nueva identidad, y se descubren nuevos talentos y habilidades.

Nuevo comienzo: En esta etapa las partes han ido más allá de la culpa y la ira para lograr el perdón (aunque sea parcial), nuevo respeto y nuevos roles.

Familia conviviente uni-parental: Esta etapa está caracterizada por el marcado apego del progenitor conviviente con sus hijos. Se corre el riesgo de aislar y encerrar a los hijos, como así también darle prioridad a la contención emocional en lugar de la imposición de límites, lo que puede llevar a problemas graves.

¿Existe vida después del divorcio?

Así que te casaste con tu mejor amigo y ahora te estás divorciando ¿y ahora qué?

A pesar de lo devastador que pueda sonar la idea de un divorcio, no necesariamente va a resultar en algo negativo. De hecho, existen muchas historias de divorcios exitosos. No se puede determinar con exactitud la proporción de historias exitosas versus las que no lo son, pero te puede asegurar que existe luz al final del túnel, de acuerdo con estas mujeres divorciadas:

Mejor como colegas

"Soy una divorciada exitosa. Me casé con el amor de mi vida, y después de doce años de una gran sociedad, cambiamos y nos dimos cuenta que nos amábamos tanto que teníamos que dejarnos ir el uno al otro. Desde que nos divorciamos hemos trabajado juntos profesionalmente y ¡me encanta! Mi ex esposo encontró una mujer maravillosa y ambos estamos felices por ello, tenemos una relación sana y nos encanta que todavía seamos parte de la vida del otro. Como bien lo dice el dicho "si amas a alguien, déjalo libre." En nuestro caso regresamos a la vida del otro pero en un sentido profesional y aún así sentimos un amor profundo hacia la otra persona. Nuestros amigos dicen que el nuestro es el "divorcio de la década."

El cambio es bueno

"Me casé cuando tenía veinte años y era muy insegura. Pensaba que necesitaba a un hombre para sentirme completa, pero estaba como si estuviera en coma, caminaba a través del matrimonio sin sentirme viva. Estaba aterrada porque sentía que mi vida estaba acabada, pero aun más terror me daba el pensar en que si me iba ningún hombre me iba a querer. Mi esposo no era malo conmigo, simplemente me casé demasiado joven y no sabía lo que era el amor. Pero abrí los ojos cuando mis estudiantes me retaron a que cantara rap. Eso me llevó a intentarlo y me estimuló para que me diera cuenta de que existía una vida más allá de un trabajo poco satisfactorio.

Mi esposo detestaba que yo saliera tanto. Ya no era la esposa que regresaba a la casa directo del trabajo, se ponía a cocinar, limpiar y a planear fiestas con las amigas. Eventualmente tomé la decisión que necesitaba vivir en vez de dejar que pasara el tiempo. Cuando finalmente me fui lo hice sin mirar atrás y sin pedir pensión alimenticia. Mi libertad era lo único que yo quería y necesitaba. Todavía mantengo una buena amistad con mi ex. La separación fue en términos amigables. Él es una buena persona, pero no pudo manejar el que yo quisiera cambiar."

Convirtiendo limones en limonada

"Mi divorcio me inspiró mucho. Tenía limones, entonces hice limonada. Soy la fundadora de la

Asociación Nacional del Divorcio para Mujeres y Niños, un centro que trabaja las veinticuatro horas del día, siete días a la semana, dándole apoyo a las mujeres que se encuentran solteras de nuevo. Cuando yo me divorcié, hace catorce años, buscaba herramientas que me ayudaran a darle un impulso nuevo a mi vida, y a ser un modelo a seguir para mis hijos.

Fue en ese momento que me certifiqué para ser entrenadora. También estoy certificada como consultora del comportamiento. He trabajado con abogados especialistas en derecho de familia por varios años y desarrollado un programa llamado "Soltera de nuevo, ¿ahora qué?", un programa de doce semanas para apoyar a otras mujeres divorciadas. Me lleno de felicidad cada vez que veo que una madre vuelve a creer en sí misma."

De las mentiras a un nuevo amor
"Con mi primer esposo nos casamos en una hermosa ceremonia católica. Más o menos un año más tarde regresé a casa después de una reunión y él se encontraba en la mesa de la cocina trabajando con su computadora. Estaba de muy buen humor y me dijo que iba a ir a ver un partido de fútbol con unos amigos del trabajo. No le presté atención al asunto. A las dos de la mañana sonó el teléfono. Era mi esposo diciéndome que lo habían arrestado. Estaba siendo acusado de cuatro delitos graves, entre ellos molestar e intentar tener sexo con una menor de edad. Me

convenció de que era un malentendido.

Soporté la humillación de ver y escuchar la noticia de su arresto en la televisión y por la radio. Finalmente entendí que todo nuestro matrimonio había sido una farsa. Todo lo que había salido de su boca eran puras mentiras. Eventualmente le dije que quería divorciarme. Más adelante me enteré que me había estado engañando todo el tiempo. Me sentía muy deprimida. Finalmente me desperté un día y me di cuenta de que ya había sufrido suficiente.

Recobré la compostura y guardé las copas de vino. Me fui de viaje a Europa por primera vez. Compré mi propia casa y la pinté y la decoré yo misma. Decidí empezar a tener citas de nuevo. Conocí a un hombre en una página de citas por internet y me propuso matrimonio dieciséis meses después. Tenemos un hijo y otro en camino. Estoy completamente convencida de que todo pasa por alguna razón."

Más fuerte que nunca

"Tengo exactamente un año de divorciada y finalmente me siento estupenda. No me he sentido tan feliz y sana (física y mentalmente) en años. Estuve casada por veinte años y comencé a crecer de una manera que mi ex esposo simplemente no podía comprender. Pasé por un divorcio muy difícil, ya que mi ex esposo era muy controlador y abusivo psicológicamente. Me aterraba irme, pero comencé a sentirme cada vez más fuerte.

Convertí mi vida en una empresa que se encarga de ayudarles a las personas a encontrarse a sí mismos. Nunca me he visto o me he sentido mejor."

Amigos por el bien de los niños

"Mi ex esposo y yo tenemos una excelente relación de trabajo. Compartimos la custodia de los niños y hemos acordado que le daremos la oportunidad al otro de pasar más tiempo con los niños en caso de que necesitemos que alguien los cuide. Estamos de acuerdo en que no se trata de nosotros dos, ante todo están los niños. Muchos de nuestros amigos divorciados nos dicen que somos muy afortunados de poder ser tan amigos y que deberíamos ser un ejemplo de lo que los padres divorciados deberían ser."

"Escucha a tu voz interior y sigue adelante, aun cuando las personas te digan que no puedes hacerlo." - Mary Lou Cook

2

Cómo dejar de llorar durante un divorcio

Es difícil superar una relación, especialmente si se han comprometido a estar juntos para siempre, pero un divorcio puede en algunas ocasiones ser una bendición. Está bien llorar por unos días, pero luego hay que superarlo y seguir adelante. Un divorcio no es el fin de tu vida, es solamente el fin de una relación. Aunque esto puede sonar muy casual, tú puedes tener otras cosas en las que te tienes que enfocar en lugar de tu matrimonio. Si tienes niños, este sería el momento ideal para empezar a enfocarte más en ellos.

Puedes hacer y tener muchas actividades con ellos, tales como ir al cine, ir al centro comercial, etc. Solamente preocúpate en hacer cosas con tus hijos de manera que te puedas concentrar en algo que merezca tu tiempo. Miles de personas han pasado por un divorcio, así que no eres la única. ¿De todas maneras, por qué tendrías que llorar? No es tu culpa si no funcionó, ustedes dos probablemente estaban en dos lugares diferentes en la vida. No es precisamente por ti. Hay tantas cosas en las que te tienes que enfocar que puede que te sientas abrumada, pero está bien sentirse así, es algo natural. En vez de caer en una depresión, necesitas enfocarte en lo que está pasando. Necesitas iniciar el proceso.

El primer proceso de la separación puede ser la terapia. Puede que quieras ir sola o con tu pareja. Aunque puede parecer que es demasiado tarde para recibir terapia, ésta les puede ayudar a ustedes dos a ser unos padres grandiosos. Si ustedes son capaces de superar sus problemas y enojos, y pueden validar los sentimientos de la otra persona, entonces lograrán tener una buena relación después del matrimonio. Puede que quieras ir sola al principio. De esta manera podrás sacar fuera todos tus sentimientos y liberar un poco el enojo y el dolor. La terapia es un buen punto de partida, ya que te puedes reencontrar a ti mismo e identificar cosas que te ayudarán a seguir adelante.

Hay muchas preguntas que tal vez sientas que no tienen respuesta. Acepta que fue un acto del destino. Pudo haber sido el resultado de tus acciones, de las de tu pareja o de los dos. De todas maneras, independientemente de eso, no puedes pensar que tú eres el problema. El destino fue el problema. Hay ciertos aspectos del universo que unen a la gente y otros que las alejan, como un imán.

Si piensas en eso en términos de destino, encontrarás fortaleza, y también encontrarás el coraje para salir adelante. Este es sólo un capítulo de los muchos libros de tu vida. No te preocupes preguntándote si habrá amor después de tu divorcio, ya que hay otros capítulos interesantes en tu vida que quedan por leer, así que haces bien en dejarlo ir. Nunca sabes lo que puedes encontrar después de todo lo que ha pasado.

Puede que te tome semanas o meses llegar a recuperarte, pero tómate todo el tiempo que necesites. Para terminar con las lágrimas y el dolor, necesitas encontrar cosas que te hacen feliz y simplemente hacerlas. Si encuentras consuelo en tus amigos, pasa con ellos el mayor tiempo posible. Lo mismo sucede si tienes niños. Si realmente quieres dejar de llorar, tienes que salir de la cama, lavarte los dientes, arreglarte y salir a cenar, ya sea con tus amigos, familia o incluso sola. Levantarte y lucir grandiosa es el principio del proceso para superarlo.

Cuando te sientas sola o deprimida, busca a alguien a quien quieras y te apoye para hablar. Conversar ayuda en todo. Comparte tus sentimientos, y hagas lo que hagas, no te aísles. Tienes que estar con gente que te ama durante este tiempo de necesidad.

Testimonio: "A mí me fue muy mal y yo creo que lo peor es el tiempo que uno espera a que se resuelva todo el tema del divorcio. De pronto se te hace una eternidad esperando que llegue la fecha, es muy angustiante, desgastante y más si no terminaste en buena forma con tu ex. Recuerdo que tenía que ir a decirle el día de la cita, el horario, etc., y eso es muy incómodo. A mí se me hizo muy pesado todo ese trámite.

¿Y cómo lo superé? Pues la verdad es que batallé mucho porque soy una persona muy fuerte y no me gusta demostrar mi sufrimiento, así que me lo tragué y andaba como si nada. Al principio todo iba bien, pero con el tiempo me ganó la depresión y después de dos años de divorciada tuve que ir con un psicólogo para que me ayude porque me sentía miserable. Mi ex me dejó con una autoestima súper baja en todos los aspectos, así que con la ayuda de alguien más pues pude volver a quererme, aspirar a divertirme y a encontrarle sentido a la vida. He aprendido que todo es un proceso, pero se supera."

Alicia, 28 años.

Cómo mirar a tus amigos a la cara durante tu divorcio

Cuando se trata de un divorcio, es difícil decírselo a tu

pareja, y es aún más difícil decírselo a tus amigos y familiares. Si has estado pensando seriamente en el divorcio, entonces vas a querer decirle primero a tu esposo y después a tu familia. El momento debe ser preciso. No deberías anunciar en la cena de acción de gracias que te gustaría divorciarte, y esperar que toda tu familia esté escuchando, de tal manera que no tengas que repetirlo. Deberías escoger un momento no tan especial, como un almuerzo, para decirle a tu familia más cercana, o llévate a tu mamá a cenar y dile lo que piensas y cómo te sientes. Está bien que te desahogues.

Tu familia comprenderá completamente, y si piensas que alguien no lo va a hacer, déjalo que se entere por otro medio. Cuando hables con ellos tienes que hacerlo con una voz calmada. Puedes imaginarte cómo va a reaccionar tu familia, ellos también van a estar sorprendidos, especialmente si no tenían conocimiento de que tu matrimonio tenía problemas. Nunca debes de contarle a tu familia por medio de una llamada telefónica, una carta o un mensaje en la grabadora. Si piensas que no puedes enfrentar a alguien y decírselo, entonces no se lo digas del todo. Espera hasta que hayas tenido tiempo de aceptarlo y estés en paz con tu decisión. Deja que pase el golpe.

Una vez que le hayas contado a tu familia y amigos, ellos comenzarán a hacerte preguntas. Tienes el derecho de responder o de negarte a hacerlo. No tienes que justificarles nada. Con respecto a dejarte ver en algunos eventos, puede que quieras alejarte un par de meses, ya que habrá mucha gente ignorante que te va a decir cuánto lo sienten o harán comentarios. Así que si no estás lista para eso está bien que te alejes de ciertos eventos, peo no te puedes aislar. Eso te va a ayudar a enfrentar a tus amigos y familia una vez que tengas alguien a tu lado. Puede que quieras contarle a tu hermana, tu hermano, o un amigo cercano. De esta manera encontrarás fortaleza en los números. Entre más gente entienda tu situación, mejor te sentirás con respecto a ella.

Cuando se trata de decirles a los niños, deben de hacerlo juntos. Ambos deben mantenerse tranquilos y simplemente decirles a los niños que les gustaría intentar estar separados, pero asegurándose que ellos entiendan que no van a perder a un padre, o a los dos.

El asesoramiento ha ayudado a muchas personas a lidiar con su matrimonio fallido, al brindarles un poco de apoyo. Debes discutir algunos de los arreglos que tienes que llevar a cabo y cómo te sientes al atravesar este proceso. La terapia puede ser de gran ayuda cuando se trata de darle la noticia a alguien que no la puede entender. Encontrarás fuerza y valor en la terapia.

Puede que te sientas incómoda dando la noticia, pero necesitas recordar que este es el momento en que necesitas apoyarte en alguien. Necesitas encontrar consuelo en tus amigos y familia. ¿De qué otra manera lo vas a encontrar si no se lo cuentas a ellos? Tan pronto como te sientas lista puedes tomar el teléfono e invitar a tus amigos o familia, y contarles todo. No te guardes nada. Tus amigos van a validar tus sentimientos y te van a apoyar, por lo tanto no le temas a la manera en que ellos vayan a responder.

Un divorcio es duro para cualquiera, pero no debería serlo el contárselo a tus amigos y familia porque ellos te aman. Ellos quieren que seas feliz y van a estar ahí sin importar nada. Ellos son tu sistema de apoyo y se les debe permitir darte todo el apoyo que necesitas.

Reconstruyendo tu autoestima

Cuando el proceso de divorcio comienza a llevarse a cabo, puedes encontrarte con que tu autoestima está por el suelo. Necesitas aprender cómo reconstruir esa autoestima de manera que puedas seguir adelante de forma exitosa después del divorcio. Seguir delante de manera exitosa significa que estás bien no estando casada con alguien más. Puede que te tome meses o incluso un año llegar a ese punto, para muchas personas eso requiere de mucho esfuerzo. Algunas personas lo toman muy mal y el dolor del divorcio puede ser devastador. Necesitas aprender cómo enfocarte en las cosas positivas y apreciar lo que tienes. Te sentirás mejor con tu vida cuando aprendas a pensar en forma positiva.

Francesca Reigle dijo en una ocasión: "La felicidad es una actitud. O nos hacemos miserables o nos sentimos felices y fuertes. La cantidad de trabajo es el mismo."

Nunca debes de autodestruirte. No es tu culpa, no es culpa de nadie, puede que solamente tuviste un mal matrimonio, pues la verdad es que es muy difícil saber cómo va a ser un matrimonio hasta un tiempo después del "sí quiero." No pienses en el pasado, sino enfócate en el futuro. Vas a reemplazar cualquier pensamiento negativo en donde dudes de ti misma, diciendo cosas que te gusten de ti y repitiéndote que estás bien y que todo va a estar bien. Aprende a usar palabras positivas para describirte a ti misma, tales como inteligente, hermosa, ambiciosa, entre otras. La imagen que tengas de ti misma va a tener un gran efecto en tu vida.

Para pensar de una manera positiva tienes que pensar en cosas que te animen. Debes realizar actividades para aumentar la autoestima tales como hablarte frente a un espejo. Dile a tu reflejo cómo piensas de ti misma de una manera positiva. Debes hacer afirmaciones alentadoras y poco a poco te vas a sentir más cómoda realizando este tipo de actividades. El primer paso para reconstruir tu autoestima después del divorcio es dejarlo atrás. Necesitas dejar el pasado en el pasado y comenzar a pensar en algunas maneras en que puedas mejorar la manera en que te sientes acerca de ti misma.

La mejor manera de dejarlo atrás es arreglándote e ir a tu restaurante favorito a comer sola. Si puedes ir ahí sola y cenar, entonces sabes que vas a estar bien. Sabes que estás bien con el hecho de estar sola. De todas maneras, si te sientes extremadamente incómoda, pregúntate a ti misma por qué y después repite para tus adentros algunas declaraciones alentadoras, de manera que te puedas sentir mejor con respecto a la situación, aceptando el hecho de que estar sola o soltera está bien. Nadie se te va a quedar viendo, nadie lo va a notar, y al final de la comida te vas a sentir más fuerte.

También debes dejar ir cualquier sentimiento que te dice que debes ser perfecta. Esto te va a permitir ajustarte y vas a ver más clara la situación. Nadie es perfecto, pero el intentar serlo solamente va a hacer las cosas peor. Ahí es cuando debes de decirte que no eres perfecta, pero estás perfectamente bien con quien eres.

Oprah Winfrey dijo: "No importa quién eres ni de dónde vienes. La posibilidad de triunfo comienza contigo. Siempre."

Josué Rodríguez, en su libro "Cómo desarrollar una personalidad dinámica", también de esta editorial, comparte lo siguiente:

"Las personas exitosas son identificables por su actitud positiva dominante, la que hace parecer que no existe nada que no puedan lograr si lo quisieran, ¡ni nada que no pudieran poseer! Es una

actitud positiva que separa a los exitosos de los perdedores: una energía creada por uno mismo que nos impulsa hacia el éxito, al contrario de lo que sucede con una energía que causa la derrota de uno mismo, este tipo de energía no hace otra cosa que crear problemas y provocar muchos sufrimientos en la vida.

En una ocasión, un profesor de psicología se subió al escenario, mientras enseñaba principios de manejo del estrés a un auditorio lleno de estudiantes. De pronto levantó el vaso de agua que tenía frente a él y cuando todo el mundo esperaba la clásica pregunta de si el vaso está medio lleno o medio vació, el profesor preguntó con una sonrisa en su rostro: "¿Cuánto pesa este vaso de agua que estoy sosteniendo?"

Los estudiantes gritaron respuestas que iban a partir de un par de gramos a varios kilos.

Pero el profesor, haciendo un gesto de silencio con la mano, respondió: "Desde mi perspectiva, el peso absoluto de este vaso de vidrio y su contenido no importa. Todo depende de cuánto tiempo lo sostengo. Si lo sostengo por un minuto o dos, es bastante ligero. Si lo sostengo durante una hora exacta, su peso puede hacer que mi brazo se canse un poco. Si lo sostengo por un día consecutivo, es probable que mi brazo sufra de calambres repentinos y que luego lo sienta completamente entumecido y paralizado, obligándome a soltar el vaso y que el mismo se estrelle contra el suelo. En cualquiera de todos estos casos, el peso del vaso de vidrio no cambia, pero cuanto más tiempo lo sostengo, lo voy sintiendo más y más pesado."

Al ver que toda la clase asentía mostrando estar de acuerdo, el profesor continuó: "Sus tensiones y preocupaciones de la vida son muy parecidas a este vaso de agua. Si piensan en ellas por un momento no pasa nada. Piensa en ellas un poco más y sentirás que ya te duele un poco. Piensa en ellos durante todo el día, y te sentirás completamente dormido y paralizado, incapaz de hacer nada más que dejarte caer."

La moraleja de esta historia es la siguiente: Es muy importante recordar que hay un tiempo para todo, aun para dejar de lado tus tensiones y las preocupaciones que te aquejan. Pase lo que pase durante el día, bien temprano en la noche haz el esfuerzo de poner todas tus cargas fuera de ti. No te duermas con ellas para que al día siguiente estén allí otra vez. Si todavía sientes el peso de la tensión de ayer, es una fuerte señal de que es hora de poner el vaso en la mesa.

La actitud positiva es un estado y una condición de tu mente que te permite manejar el estrés con optimismo y paciencia, promoviendo la esperanza y anulando la desesperación. Esto te permite permanecer inmutable ante los problemas, mantener tu atención y continuar perseverando sin frustración, y eventualmente superar todos los problemas."

Puede que sea necesario que hagas unos cambios para sostenerte por ti misma. Debes decidir qué necesitas hacer para encontrarte a ti misma y después alcanzarlo. Tu nivel de éxito y confianza va a aumentar. También debes aprender a no aislarte, necesitas estar rodeada de gente, pues tus amigos más cercanos no van a permitir que tu autoestima se desvanezca. Ellos te van a ayudar a atravesar el divorcio y también con muchas otras cosas. Tus amigos y familiares deben ser la guía para encontrarte a ti misma y al amor después del divorcio. Vas a encontrar el valor para salir adelante por medio del consuelo de tus amigos.

El fondo del pozo
(Autor desconocido)

A lo largo de nuestra vida hay momentos en los cuales lo perdemos todo. Pueden ser muchas cosas: un cambio en la economía, la quiebra de nuestra empresa, el amor de toda una vida, el empleo de muchos años, un ser querido, una posesión lujosa.

Por más brillante y extremadamente rica que sea una persona, en algún momento de su vida se encontrará en el fondo del pozo. No tengas miedo de esos momentos, pues van a sobrevenir de cualquier forma. Tómalos como esa parte de la existencia sobre la cual no tenemos ningún control. Lo que verdaderamente hace la diferencia es cuán preparados estamos para ese momento. Para eso puede ayudarte tener en mente el siguiente pensamiento: "La ventaja de estar en lo más hondo del pozo es que cualquier movimiento me llevará hacia arriba."

Los momentos de pérdida y desazón pueden causar en

nosotros pánico y desconfianza sobre lo que traerá el futuro. Desgraciadamente a la mayoría de las personas se le ha enseñado a sufrir por el dolor del fracaso, pero no se les ha enseñado cómo aprender de esos fracasos para construir nuevos caminos orientados hacia la victoria: experimentamos las lágrimas de la amargura, pero no aprendemos a usar esas lágrimas para volvernos mejores personas a medida que van pasando los días; tal vez ya hayamos experimentado la cruel soledad de la pérdida o alejamiento de un ser querido sin jamás recapacitar sobre la importancia de estar solos, lo que nos permite detenernos a reflexionar sobre lo que deberíamos cambiar para que esas pérdidas no se repitan.

La mayoría de las escuelas, las facultades y gran parte de la sociedad moderna hoy en día nos enseñan que el fracaso, la pérdida y el fallar son experiencias espantosas, lo que muchas veces es cierto, sin embargo casi nunca nos enseñan lo que tenemos que hacer para salir de lo más hondo del pozo.

No importa cuánto dolor sientas, todo eso por lo que estás pasando es simplemente una percepción negativa de tu realidad con base en el desastre. Todo tu dolor es muy real, pero necesitas comprender que ese sufrimiento debe ser contenido, para que puedas empezar a pensar y actuar juiciosamente, con el fin de orientar tu vida en el carril correcto nuevamente. Si estás en lo más profundo del pozo, detente unos momentos, descansa un poco y mira a tu alrededor. Ese es el momento exacto para dormir si es necesario. Llora, si es preciso. Piensa, medita y reflexiona, pero después de algún tiempo debes recuperar tus fuerzas para salir de allí. Apenas salgas de seguro no verás nada, todo estará oscuro y te sentirás perdido. La buena noticia es que será sólo por unos momentos, es natural que así suceda.

Por otra parte, también considera que tú, habiendo tropezado en esta instancia de tu vida, y estando en uno de los puntos más bajos de tu existencia, solamente necesitas hacer un solo movimiento para que estés más cerca de la salida.

No te desesperes intentando olvidar el dolor, pues será parte de ti. Las heridas se producen, pero también sanan, y quedan las cicatrices, lo que hace que te vuelvas una persona más completa, más viva y más rica internamente. Puede ser que te tardes en salir y que tengas que "resbalar" muchas veces, pero echarle la culpa a esa persona o a aquella situación (aunque sean los culpables) no va a sacarte a ti ni a tus sueños de lo más profundo del pozo donde has caído. Solamente la acción, luego de la reflexión, puede generar los resultados que estás buscando.

Siempre recuerda que la ventaja de estar en el fondo del pozo es que cualquier movimiento te llevará inevitablemente hacia arriba. Así que busca la salida,

levántate y comienza nuevamente a andar el camino.
Mientras más pronto lo decidas, mejor.

3

Cómo reconstruir tu vida

Encuentra un abogado

Encontrar al abogado adecuado para que se encargue de tu divorcio puede ser difícil. Existen muchos factores que vas a querer tomar en consideración. Una vez que has superado el dolor y el daño necesitas que se te asesore con respecto a todos tus derechos. Algunos abogados intentarán conseguir todo lo posible, pero si quieres tener un divorcio civilizado (en caso de que sea posible) vas a querer conseguir solamente lo que es justo. Un divorcio trae consigo mucho estrés, pero si encuentras al abogado adecuado vas a darte cuenta que no vas a tener que lidiar con tantas preocupaciones innecesariamente. Necesitas un abogado que te ayude a controlar tus niveles de estrés y ansiedad.

Un factor que necesitas considerar cuando eliges un abogado es su tarifa. ¿Te va a costar un ojo de la cara? Si es así, vas a agregar una nueva fuente de estrés a las que ya tienes actualmente. Los abogados te van a dejar saber cuáles van a ser sus honorarios, y éstos van a depender de la dificultad del divorcio. Si ninguno está impugnando el matrimonio entonces pueden contratar al mismo abogado y acabar con todo de una vez. Si quieres tener un divorcio amigable, no quieres contratar a un abogado que te cobre una tarifa alta. Ellos van a ir detrás de todo lo que puedan conseguir, porque eso les aumenta los honorarios. Necesitas ser lo más abierta y honesta posible cuando te reúnas por primera vez con tu abogado. De esta manera puedes tener una buena idea de qué esperar de todo esto.

También tienes que tomar en cuenta su experiencia. En caso de que quieras una batalla campal y obtener lo más posible, entonces debes contratar los servicios de un abogado con buen historial. Puedes contratar a uno que no sea especialista en divorcios, pero si consigues a uno que se especialice en ellos, va a estar familiarizado con los jueces y cómo reaccionan ante ciertas circunstancias. Ellos van a usar todo su conocimiento a tu favor. La tarifa puede que tenga más peso que la experiencia, pero debes tomar en cuenta que obtienes lo que puedes pagar.

También puede que antes quieras averiguar un poco por ahí. Tus amigos a lo mejor conocen algunos abogados que puedan ser buenos candidatos. Un buen abogado no ocultará nada, ellos le dejarán saber a sus clientes que les gustaría que se les refiriese e incluso puede que hablen acerca de clientes anteriores. Te van a convencer de su experiencia y qué tan buenos son, de manera que los vas a querer contratar. Su testimonio puede que no signifique nada, pero si averiguas un poco, a lo mejor te logres hacer una idea de cómo realmente viene la cosa. Algunos abogados son conocidos por ser duros, y si eso es lo que andas buscando, entonces debes contratar a ese profesional del que todos hablan.

También debes contratar a un abogado que te agrade, pues es importante que confíes en él. Necesitas ser capaz de depositarle toda tu confianza. Necesitas saber que su actitud va de la mano con la tuya, así que si quieres un abogado implacable, asegúrate de que tenga la personalidad para serlo, pero si solamente quieres terminar con todo de una vez por todas, entonces busca a un abogado que consiga lo que es justo para ti.

Cuando se trate de conseguir a tu abogado, necesitas buscar a uno que va a hacer exactamente lo que tú quieres. También necesitas a un abogado que se encargue de lidiar con todo el estrés, de manera que tú puedas lavarte las manos de eso. Quieres a un abogado que entienda cómo te sientes, que sepa lo que quieres y cómo quieres conseguirlo.

Consejos Prácticos: lo que debes preguntarle a tu abogado

En cuanto a su experiencia:

- ¿Cuál es el porcentaje de casos de divorcio en el país?
- ¿Cuántos casos de divorcio ha tratado?
- ¿Cuál es el porcentaje de estos casos que llegan a juicio?
- ¿Tiene experiencia en arbitraje, mediación, divorcio de colaboración o cualquier otro tipo de separación?
- ¿Cuántos de los casos que ha tratado son acerca de custodia, acuerdos financieros y manutención?
- ¿Cuánto tiempo le dedicaría a un nuevo caso?
- ¿Conoce al abogado de mi pareja?

En cuanto a sus operaciones diarias:

- ¿En qué horario está en la oficina?
- ¿Cuál es la experiencia de las personas que lo ayudan?
- ¿Asistirá a las diferentes reuniones, citas, comparecencias ante el tribunal, etc. que tengan que ver con el acuerdo?
- Si tengo preguntas, ¿a quién puedo llamar?

- ¿Qué tipo de participación tendrás cuando toque decidir estrategias en tu caso?
- ¿De qué manera serás informado de todas las novedades?
- ¿Recibiré copias de todos los documentos legales de mi caso?

En cuanto a las tarifas:

- Si cobra un anticipo, ¿De cuánto es?
- ¿La tarifa para el juicio es diferente a la que cobra por hora?
- ¿Qué tipo de cargos extra o gastos pueden existir además de la tarifa por hora?
- ¿Qué pasa si me atraso en las cuentas?
- ¿Cuánto cobrará por las copias de todos los documentos que necesite?
- Las llamadas telefónicas, ¿se cobran aparte?
- ¿Cuál es el monto aproximado en un caso similar al mío?

Aprende las reglas del divorcio

A estas alturas habrás experimentado que un divorcio puede ser complicado y difícil, por lo que realmente no quieres tener un abogado que nunca te llame o no se comunique contigo. Antes de contratar uno, puede que quieras revisar algunas de las leyes de divorcio de tu estado para que tengas una idea más clara de la situación. Necesitas encontrar alguien que te represente legalmente, además tienes que consultarle a tu abogado acerca de ciertas leyes a las que te puedas acoger. Necesitas saber qué factores pueden evitar que consigas lo que mereces, tales como un contrato pre-nupcial. Para tener una idea de qué esperar, puedes dedicarte a investigar acerca de otros casos. Algunas veces tu abogado puede endulzar la situación, pero si eres capaz de identificar algunas cosas que puedan ayudar en tu caso, tu abogado estará más inclinado a dejarte saber la realidad. Ellos van a pensar que tienes un conocimiento general acerca de las leyes, y si estás preparada, van a ser honestos y directos contigo.

Si tu plan es obtener mucho de ese divorcio, entonces vas a buscar la representación de una firma de abogados. Una manera en que puedes ayudarle a tu abogado es dejándole saber las cosas que pueden ser usadas en contra de tu cónyuge, así como también hacer un poco de investigación. Si te encuentras con alguna ley que pueda darte alguna ventaja, es muy probable que ganes el caso, porque puede tratarse de algo en lo que tu abogado no había pensado.

Si no puedes costear un buen abogado, entonces vas a tener que contratar a un abogado voluntario. La desventaja de esto es que tienen conocimientos y recursos limitados. Puede que no conozcan la ley lo suficientemente bien y busquen solamente llegar a un acuerdo. Si aprendes a investigar acerca de tu propio divorcio, entonces le puedes ayudar a tu abogado a construir tu caso en contra de tu cónyuge y así tendrás más probabilidades de obtener de este divorcio lo que de verdad mereces.

Debes investigar las leyes para lograr acuerdos rápidos. Una vez que consigues un acuerdo rápido éstos no se pueden deshacer, y puedes terminar con menos de lo que tenías al momento de iniciar el proceso. Debes saber que existen impuestos que deber ser cancelados. Cada estado tiene sus propias leyes cuando se trata de divorcios rápidos. Necesitas investigar acerca de cualquier otro impuesto o cuota que tengan que cancelarse sobre propiedades o el interés de propiedad.

Para llevar a cabo una investigación adecuada puedes preguntarle a tu abogado qué debes hacer y cómo puedes ayudar. Puedes usar tu computadora para investigar acerca de casos y leyes que te puedan significar algún beneficio. Asegúrate de tener todos los documentos financieros que se guardaron durante el matrimonio. De esta manera sabrás cuánto se pagó por cada cosa y cuánto se han depreciado estos bienes. Esto es de gran ayuda durante el proceso de divorcio.

Si tienen niños vas a tener que hacer una gran investigación acerca de las leyes estatales. De esta manera vas a saber cuáles son las probabilidades de que obtengas la custodia total y qué quiere decir custodia compartida. Debes informarte de cuáles son los límites de los padres. Es posible que no puedas sacar a los

niños del estado durante el divorcio, así que tienes que
saber qué pueden hacer tanto tú como tu esposo
dentro de los límites de la ley. También querrás saber
qué puedes hacer legalmente para obtener información
y cuándo las cosas tienen que ser archivadas, de esta
manera sabrás exactamente qué es lo que está pasando
durante el proceso del divorcio.

Consíguete un nuevo pasatiempo

Salir adelante es muy importante cuando se trata de
rehacer tu vida después del divorcio. Vas a sentirte un
poco fuera de lugar por un tiempo, pero te darás cuenta
de que puedes recuperarte y aprender de tus errores. Es
difícil separarse de alguien que fue parte de tu ser, pero
encontrarás que puedes salir adelante y hallar nuevas
cosas en la vida que te traerán gozo y alegría. Puedes
encontrar un nuevo pasatiempo en tu iglesia, dentro de
tu comunidad, o en tu hogar.

Después que te hayas permitido pasar la etapa del
duelo, comenzarás a querer encontrar cosas con las
cuales llenar las horas del día. Si eres del tipo de
personas que disfruta estar a solas, entonces debes
encontrar nuevas cosas que aprender y que puedas
hacer por ti misma. Puedes asistir a un curso de arte en
la universidad comunitaria, aprender a esculpir o a
hacer cerámica. También puedes aprender a escribir
una historia de ficción o un artículo acerca de tu vida,

donde describas por lo que estás pasando. A lo mejor descubres que tu pasatiempo se convierte en algo que puedes desarrollar como una carrera. Serás capaz de pasar las horas haciendo algo más productivo que estar al frente del televisor comiendo galletas.

Algunas mujeres prefieren elegir un pasatiempo que las haga interactuar con otras personas. Puede que quieras unirte al equipo local de billar o de boliche. A lo mejor quieras ir al centro comunitario y jugar cartas una vez a la semana. Si realmente quieres volver a interactuar con otra gente, entonces puedes tomar clases de baile. Aprende baile de salón o practica jazz. De esta manera aprenderás algo nuevo y al mismo tiempo habrás encontrado algo diferente que disfrutas hacer. No tienes que ir sola, puedes pedirle a un hermano, primo o amigo cercano que sea tu pareja. Esto sin duda será una experiencia nueva. Si el bailar no te parece un pasatiempo muy atractivo, puedes buscarte un trabajo en un área en la que te sientas confiada.

Si eres buena en los deportes puedes convertirte en asistente del entrenador, o ser la entrenadora de algún equipo local de secundaria o universidad. Puedes abrir una filial de alguna liga de deportes o alguna otra asociación. También puedes ocupar tu tiempo haciendo servicio comunitario. Puedes conseguir alimentos para los pobres, recaudar dinero para tu iglesia o comunidad, o cualquier otro servicio que veas necesario.

Cualquier cosa en la que puedas enfocar tu atención será de ayuda. Serás capaz de deshacerte de todo ese dolor y sufrimiento y enfocarte en algo positivo. Ya sea que aumentes la cantidad de tiempo que pasas leyendo, o que quieras hacer un rompecabezas de 25000 piezas, realiza una actividad que estimule tu mente y te permita estar enfocada en algo. Cuando encuentres un pasatiempo o algo en qué enfocar tu atención, tendrás menos probabilidades de dirigir tus pensamientos a cosas negativas o adquirir malos hábitos, tales como beber o fumar. Serás capaz de encontrar una manera positiva de desahogarte.

Muchos de los cursos o actividades que puedes aprender en las escuelas comunitarias, después las puedes realizar con algún amigo. Puedes aprender a cocinar, pintar, escribir, o cualquier cosa que estimule tu creatividad. Solamente recuerda que necesitas encontrar algo que llame tu atención y que sea conveniente para ti. También puedes encontrar pasatiempos relacionados con tu casa. Puedes irte con alguna amiga a buscar antigüedades, o puedes pasarte todo el tiempo que quieras remodelando y re-decorando tu casa. En fin, haz cualquier cosa que te haga enfocarte en las cosas positivas de la vida.

Despertar
(Autor anónimo)

Creo que a todos nos llega ese momento en la vida en que finalmente nos damos cuenta. Ese momento cuando en medio de todos nuestros miedos y locura nos detenemos de repente en el camino, mientras escuchamos nuestra voz interior que grita así: ¡Basta! Basta de llorar, basta de pelear y forcejear para mantenerte en ese lugar.

De pronto tu sollozo se disipa, te limpias las lágrimas y comienzas a mirar el mundo a través de nuevos ojos. Acabas de experimentar un nuevo despertar.

Finalmente te das cuenta que llegó el momento de dejar de esperar esos cambios, esa felicidad, esa seguridad o esa protección que nunca va a llegar. Llegas a la conclusión de que él o ella no es ese príncipe ni esa princesa que creías, y de que tú tampoco eres Cenicienta. Te das cuenta que en el mundo real no siempre hay finales razonables, y de que cualquier garantía de "felicidad eterna" comienza únicamente cuando tú lo decides. Y luego durante este proceso, te invade una sensación de serenidad que nace de la aceptación.

Este nuevo despertar te hace ver que no eres perfecto, que las demás personas no siempre te van a amar, apreciar o aprobar por quien eres, y eso está bien. Es en ese momento que paras de maldecir y criticar a otras personas por todas las cosas que te hicieron o que dejaron de hacer, y comienzas a aprender que lo único con lo que cuentas es lo inesperado.

Asimilas que la mayoría de la gente no siempre dice lo que piensa ni tampoco piensa lo que dice, que no todos van a estar allí cuando los necesitas, y que no siempre se trata de ti. Al empezar a verlo de esta manera, aprendes a fortalecerte interiormente y a cuidar de ti mismo, y es en ese proceso que nace la confianza.

Al comenzar a cultivar esta actitud detienes tus juicios en contra de los demás, decides no apuntar con el dedo y empiezas a aceptar a las personas tal como son, con sus defectos y debilidades. Es así que en el proceso nace una sensación de paz y felicidad que surge del perdón.

Te das cuenta de que todos esos pensamientos y opiniones que se implantaron en tu psiquis son el resultado de la manera en que te ves a ti mismo y al mundo que te rodea. Aprendes a aceptar diferentes puntos de vista para abrirte a nuevos mundos. Empiezas a redefinir y reestimar quien y que eres, y comienzas a entender para qué estás en este mundo.

Aprendes la diferencia entre querer y necesitar, al mismo tiempo que muy de a poco descartas principios y doctrinas que nunca deberías haber acogido, y en el proceso aprendes a confiar en tu propio conocimiento.

Este nuevo despertar permite que aprendas que es necesario dar para recibir, y que el verdadero sentimiento de realización lo experimentas cuando creas y contribuyes, y cuando dejas de pasar por la vida como un simple consumidor que nada más observa lo que pasa alrededor.

Aprendes que los principios tales como la honestidad y la integridad no son ideales obsoletos pertenecientes a épocas de antaño, sino que son los cimientos que sustentan la fundación a partir de la cual debes construir tu vida entera.

Llegas a comprender que no lo sabes todo, que no puedes hacer que una vaca vuele, y que tampoco es tu trabajo salvar al mundo. Aprendes a distinguir entre la culpabilidad y la responsabilidad, como así también la importancia de poner límites y saber decir que no.

También aprendes que la única cruz que debes cargar es aquella que tú elegiste llevar, y que los únicos quemados en la hoguera son los mártires. Entonces aprendes sobre el verdadero amor, el romántico como así también el familiar. Comienzas a aprender cómo amar otra vez, cuánto dar en el amor, y cuándo es el momento de alejarte, y descubres que ya no proyectas tus necesidades en una relación.

Te das cuenta de que no vas a ser más inteligente, hermoso, seductor o importante para el hombre o la mujer que va de tu brazo o para el niño que lleva tu apellido. De repente caes en la cuenta de que así como las personas crecen y cambian, también así sucede con el amor verdadero.

Aprendes que estar solo no significa vivir en soledad, y cuando te miras al espejo te das cuenta de que tal vez nunca más vestirás un diminuto talle tres ni tengas las famosas medidas "noventa-sesenta-noventa", y es allí cuando caes en lo inútil de competir con la imagen que este mundo ha implantado en tu cabeza.

Sientes que saber que tienes derechos está bien, como también lo es querer y pedir lo que quieres. Es así que llegas a la conclusión de que mereces ser tratado con respeto, sensibilidad, amor y cuidado, y que ya no vas a aceptar menos que eso.

Descubres que tu cuerpo es tu templo más sagrado, así que comienzas a cuidarlo y a tratarlo con más respeto, tomando más agua, alimentándote mejor y apartando algo de tiempo para ejercitarte lo suficiente.

Aprendes que la fatiga debido a tantas actividades enflaquece el espíritu y disminuye las fuerzas físicas, creando duda y miedos que pueden alojarse por mucho tiempo, entonces lo combates apartando más tiempo para descansar.

Así como el buen alimento nutre todo el cuerpo, así también la risa alimenta tu alma, por lo que tomas más tiempo para jugar y reír. Aprendes que vale la pena luchar por cualquier objetivo que vale la pena alcanzar, y que simplemente querer que algo suceda es muy diferente a trabajar duro para alcanzarlo.

Aprendes que para alcanzar el éxito necesitas disciplina, dirección y perseverancia, y que no puedes hacer todo tú solo, sino que está bien arriesgarse y pedir ayuda cuando es necesario.

Descubres que a lo único que le debes temer es al miedo en sí mismo. Vences tus miedos porque sabes que tienes dentro de ti la fuerza necesaria para superar lo que sea que venga en tu contra, y porque rendirte a tus miedos es entregar tu derecho de vivir la vida en tus propios términos.

Te das cuenta que la vida no siempre es justa, que no siempre obtienes lo que piensas que mereces, y que a veces cosas malas le suceden a personas buenas. Sabes que no es que alguien te castiga o falla en responder a todas tus plegarias.

Aprendes a combatir muy dentro de ti con el enemigo más peligroso del ser humano: el ego. Te das cuenta que todos esos sentimientos negativos tales como la envidia, la ira y el resentimiento deben ser comprendidos y redirigidos, de lo contrario sofocarán tu vida, envenenando completamente el universo que te rodea.

Comienzas a admitir cuando te equivocas, y prefieres construir puentes en lugar de paredes. Te das cuenta que son muchos y mejores los beneficios de ser agradecido y aprendes a disfrutar de cosas que la mayoría de las personas dan por hecho y no toman en cuenta, cosas que millones de personas sueñan con tener algún día: un techo sobre sus cabezas, una cama tibia, la heladera llena, una ducha caliente y agua potable.

De a poco comienzas a tomar responsabilidad de ti mismo, y te prometes nunca traicionar tus valores y nunca conformarte con menos de lo que tu corazón ciertamente desea. Te ayudas con carteles que cuelgas donde los puedas ver diariamente, para que al leer esas frases sigas creyendo y sigas abierto a cada una de las nuevas posibilidades que la vida te regala todos los días.

Finalmente, con la fe de tu lado y con audacia en tu corazón, respiras profundamente, te pones de pie, y comienzas a diseñar, de la mejor manera posible, la vida que realmente deseas vivir.

Volver a ser amigos

La mayoría de las personas encuentran que es muy difícil deshacerse u olvidarse de sus sentimientos durante un divorcio. Están siempre enojados y piensan que pueden perder el control en cualquier momento.

Tienes que saber que existen cientos de personas como tú que se sienten de la misma manera. Puedes buscar terapia para que te ayude a controlar tu temperamento y sentimientos de rabia. Cuando acudas a la terapia aprenderás cómo llevarte bien con tu pareja, por el bien de los niños. A lo mejor quieres mantener una relación cordial durante el divorcio de manera que no termines perdiendo un montón de dinero durante el proceso. No vas a querer pasarte muchas horas de tu tiempo en un proceso de mediación o en la corte. Quieres ser capaz de dejar todo lo posible en el pasado. No quieres desperdiciar más dinero y tiempo del necesario, así que deberías llevarte bien con él por el bien de todos.

Para lograr ser amigos tienes que ser capaz de preocuparte acerca de los sentimientos de la otra persona. Tienen que conversar de una manera privada y civilizada. Si quieres terminar el matrimonio y mantener la amistad, debes procurar mantener las relaciones con terceros y ese tipo de cosas fuera de la conversación. Si la otra persona no sabe que has estado viendo a alguien más, no se lo digas. Simplemente dile que ya no te sientes bien en ese matrimonio y que quieres separarte. Durante el divorcio menciona lo mínimo posible tu nuevo romance. Tan pronto como incluyas a una tercera persona en la ecuación vas a poner a alguien a la defensiva, y esa no es la intención.

Puedes intentar terapia familiar, de manera que los niños no sientan que es culpa de ellos. Encontrarás seguridad en la terapia, y vas a notar que la mayoría será capaz de sentirse mejor porque han resuelto algunos de los problemas, y han encontrado respuestas para ellos.

Cuando se trata de ser amigos, es difícil dividir todo y aún así reclamar la amistad. Un divorcio es territorial, y lo peor de las personas se hace evidente. Este es el momento cuando vas a querer dedicar un día o dos para conversar tranquilamente con tu esposo acerca de qué es lo que está sucediendo. Si conversan sin los abogados, van a estar menos a la defensiva y pueden ser más productivos. Pueden recorrer la casa y conversar acerca de las cosas que van a extrañar y sobre su estado de ánimo. De esta manera se darán cuenta que esto no es fácil para ninguno de los dos.

La mayoría del tiempo se puede arreglar todos los asuntos del divorcio simplemente conversando de una manera informal. Se pueden ahorrar mucho dinero así como el dolor que conlleva un proceso de divorcio. Probablemente tengas que terminar renunciando a tener el control sobre algunos asuntos, de manera que el adquirir compromisos permitirá que el divorcio se mantenga civilizado. Cuando hables, nunca alces la voz, tu tono debe ser bajo y debes procurar entender su punto de vista, de manera que puedan llegar a un acuerdo.

Debes explicarle a tu pareja que no se trata de un acto para volver a estar juntos. Te has preocupado por esa persona por un largo tiempo y todavía lo haces, y es por eso que te gustaría limar todas las asperezas. Algunas personas intentarán ser amables con tal de regresar, pero si eres amable con tu esposo en términos generales, las cosas serán más agradables para todos y el divorcio terminará pronto. Te debes comprometer a ciertas cosas, pero no debes de dar más de lo que estás dispuesta.

Encontrar un apartamento y seguir con tu vida

Mudarte y buscar un apartamento puede ser algo bueno. Esto hará que comience el proceso del divorcio. Sin embargo, si tienes niños no vas a querer mudarte. Si tú te mudaras, la otra persona puede terminar quedándose con los niños, ya que ellos viven en la casa y es un ambiente estable para ellos. Además, puede que se le dé la casa sólo por el hecho de que hay niños y tú ya hiciste arreglos para vivir en otro lugar. Sin embargo, si te mudas vas a sentir el alivio de alejarte de las discusiones y la tortura que muchas personas pasan mientras tratan de llevar a cabo un divorcio. Si realmente quieres conservar tu casa, entonces debes mantenerte en ella hasta que el juez haya tomado una decisión. En la audiencia temporal es cuando tienes que hacer tu petición de regresar a la casa o de hacer que la otra persona se mude de ella.

Cuando tú seas la que se mude, llévate contigo todo lo

que quieras conservar. Debes llevarte tus cosas personales tales como ropa y joyas. Haz un inventario de las cosas que te llevas de manera que luego no puedan acusarte de que te las robaste. Si te las llevas contigo de una vez, la ley las verá como tuyas. Dependiendo de lo que sean y de su valor, ya sea monetario o sentimental, vas a ser capaz de conservarlas, de lo contrario puede que te ordenen devolverlas. Pero si te gustaría conservar algo, llévatelo contigo porque no sabes qué le puedan hacer a tus cosas. Tampoco seas codiciosa, deja la mayor parte de los muebles, a no ser que estuvieran en algún cuarto tuyo privado. Nunca debes dejar la casa vacía, independientemente de quién era el dueño de qué. Este tipo de acciones se ven mal en la corte, además no querrás que los niños se vean afectados.

Cuando te mudes, no te vayas con tu nueva pareja. Tienes que demostrar independencia y esto puede ser justo lo que necesitas. Si no puedes darte el lujo de vivir sola, deberías mudarte con un amigo o familiar. No es recomendable que te mudes de nuevo con tus papás porque nunca sabes qué trapos sucios puede estar buscando el abogado de tu ex acerca de tu familia cuando se trata de lograr la custodia de los niños. Asegúrate de que la persona con la que vayas a vivir no tenga ningún tipo de interacción contigo, de manera que no puedan decir que ustedes dos tienen una relación. Mudarte con un amigo o primo va a hacer más fácil el pago de la renta y no estarás completamente sola. Vas a tener a alguien con quien estar y que te va a apoyar.

Una vez que te has acomodado en tu nueva casa, puedes empezar gradualmente a construir una nueva vida. Sal, conoce nuevas personas, diviértete. Simplemente no hagas nada que te pueda hacer ver mal ante la corte. De esta manera puedes seguir adelante con tu vida, pero no vayas a estropear un buen comienzo. Si no hay niños de por medio puede que incluso quieras mudarte a otro estado, si tu familia vive en otro lugar. De esta manera así podrás tener cerca a la familia para que te ayude a salir adelante.

Encontrar un nuevo trabajo

Existe una vida grandiosa que te está esperando después del divorcio. Vas a ser capaz de seguir adelante con tu vida. Puedes levantarte, mudarte a un nuevo lugar y comenzar una vida completamente nueva. Algunas personas simplemente van a hacer eso. Cambiarán de trabajo, se refinanciarán, y comenzarán a salir de nuevo. Sin embargo, que el proceso de divorcio haya acabado no quiere decir que ya pasaste por todas las etapas. Vas a tener que recoger todos los pedazos e intentar seguir adelante. Para muchos es muy difícil lograrlo porque han pasado mucho tiempo con esa otra persona y puede ser difícil terminar con alguien que no quiere que termine. Existen muchos sentimientos por los que atravesarás, sin embargo te darás cuenta de que hay esperanza al final de ese camino.

Después del divorcio te has refinanciado y ya todo está decidido y hecho. No tienes una hipoteca, puede que no tengas una deuda por tu carro, puede que no tengas nada a tu nombre. Ésta es una gran oportunidad para mudarte a otro lugar. No necesariamente tienes que irte a otro estado, tan solo irte a otra ciudad sería un gran cambio para ti. Tienes que buscar alguna manera de regresar al juego.

El primer paso en la reconstrucción después de la mudanza es encontrar un nuevo trabajo. Puede que quieras encontrar un trabajo que te permita trabajar más, ya que no tienes que preocuparte ahora por compartir tiempo con tu pareja. O puedes decidir que ya no necesitas un trabajo con un sueldo alto porque ya no tienes tantas cuentas que pagar o una familia que mantener. Te puedes ajustar a tu nuevo estilo de vida subiendo o bajando tu expectativa de empleo. Puedes comprar una nueva casa y comenzar desde ahí, o puedes no comprometerte con nada y alquilar, depende completamente de ti.

Puede que sea largo el camino para volver a ser la misma persona una vez que has pasado por un divorcio. A lo mejor tienes que comenzar desde cero. Tendrás nuevos puntos de vista, nuevas metas, una nueva vida. Puedes dejar todo atrás o puedes tratar de reinventarte. Muchas personas encuentran más fácil dejarlo todo atrás antes de tener que lidiar con ello. Es una molestia el pasar por un divorcio y la pensión alimenticia, y puede que eso te obligue a conseguirte otro trabajo. Te darás cuenta de que existen muchas cosas en un divorcio que pueden llevarte a beber, pero también hay muchas cosas que puedes hacer para que las cosas estén mejor. Puedes hacer que las cosas mejoren yendo tras de aquel trabajo importante que no querías tomar por tu familia. Ahora no tienes nada ni nadie que te detenga. Puedes rehacer las cosas a tu manera. No tienes que preocuparte por complacer a nadie más que a ti mismo.

Eres completamente independiente. Esta es una cosa buena acerca del divorcio, a pesar de que también puede producir temor. Si sientes que no puedes hacerlo sola, puedes facilitarte tu camino hacia la independencia. Te puedes mudar con amigos, puedes aceptar un trabajo menos demandante, o puedes adquirir un contrato de arrendamiento de un apartamento en vez de comprar una casa. No tienes que comprometerte con nada. Una vez que sientas que puedes volver al juego, puedes empezar a adquirir compromisos tales como comprar una casa, o invitar a alguien a salir. El regreso es un proceso lento.

Una vez que te has mudado, puedes usar tu tiempo como tú quieras y puedes cambiar lo que quieras en tu vida. Tienes que intentar ser independiente porque así progresarás más rápidamente. Volverás a estar bien tarde o temprano.

Aprende a superar lo que escuchas

Un divorcio le enseña muchas cosas a las personas A algunas las lleva a ser más amargadas. Las personas pierden muchas cosas en un divorcio y no son solamente cosas materiales o personales. Una persona pierde una parte de sí misma durante el proceso de divorcio. Debes saber que cuando atraviesas un divorcio puede que sufras muchos cambios personales. Encontrarás tu propio camino y te harás independiente. Puede que cambies de una manera negativa, pero eventualmente volverás de nuevo al camino correcto.

Querrás superar el sentirte de esta manera al permitirte aprender la lección, pero no la tienes que usar en contra tuya. Vas a aprender tanto de un divorcio que a lo mejor sientes temor de comenzar otra relación, pero no deberías de sentirte así. Tienes que saber que tus amigos y familia te aman y quieren que seas feliz. Tus amigos te van a alentar y a apoyar.

Considera lo que dijo Orison Swett Marden: "No se sale adelante celebrando éxitos, sino superando fracasos." Con respecto a esto, alguien una vez dijo: "El éxito no es para siempre y el fracaso no es el final, lo que cuenta es el valor de seguir adelante."

Una de las lecciones más importantes que aprenderás de un divorcio es que eres más fuerte de lo que piensas. El proceso entero de separación exige mucho de una persona y ciertamente la puede derrumbar, pero siendo todo lo fuerte que puedes ser, te hará una persona aún más fuerte. Te permitirá manejar situaciones que normalmente no pensarías que podrías manejar. Un divorcio te hace más fuerte.

Te ayudará también a distinguir la diferencia entre palabras y hechos. Tu pareja puede que te haya prometido ser civilizada y después se haya quedado con todo. Esto puede hacer que no desees confiar en nadie nunca más, sin embargo, encontrarás una media entre creer en todo y desconfiar de todo. Aprenderás a distinguir cuando alguien te quiere tomar el pelo de cuando alguien está siendo completamente honesto. Las acciones siempre hablan más fuerte que las palabras. Puede que quieras recordar eso cuando se trate de otras relaciones.

Aprenderás a apreciar a tus amigos. Sabes cuando tienes un amigo verdadero porque nunca vas a estar solo en tus momentos de necesidad. Tus amigos siempre te van a apoyar en todo lo que hagas. También te darás cuenta que tus amigos son una fuente de fortaleza. Te alentarán para que estés mejor, para que tengas metas y vayas tras de ellas. Un divorcio también te hará saber cuáles amigos no valen la pena. Serás capaz de reconocer la diferencia entre una persona honesta que va a estar contigo y una persona que solamente usa tu amistad de vez en cuando.

Otra lección importante que todos aprenderán es que la ira ayuda a sanar. Aun así, habrá personas que dirán que tienes que contener tu ira mientras estés en el proceso del divorcio, de tal manera que no vayas a estropear tu caso. ¡Pero necesitas enojarte! Necesitas gritar, necesitas maldecir, corregir tus errores, aunque eso no ayude en nada. Una vez que has expresado tu ira, puedes aprender lo que necesitas para dejarla ir. Puedes sacar todos tus sentimientos, todo tu dolor, y luego puedes aprender a perdonar. La ira es el inicio del proceso de sanación.

Otra lección que obtendrás del divorcio es que algunas veces es mejor estar solo y seguir tu propio camino en vez de estar siguiendo a alguien más. Serás más feliz siendo capaz de controlar tu vida, serás una mejor persona si eres capaz de encontrar tu propia manera de hacer las cosas. Tu autoestima aumentará porque eres un individuo independiente. Puede que sea algo que nunca esperabas de ti mismo, por lo que es una razón más para sentirte mucho mejor acerca de esta situación.

"Sigue adelante. Aunque no estés convencido, sigue adelante; los designios de Dios son inescrutables, y a veces el camino no se ve hasta que uno hecha andar." -

Paulo Coelho

A continuación me gustaría compartir contigo otra reflexión que me ha ayudado muchísimo a pensar y meditar acerca de las situaciones que estaba viviendo. Las cosas no suceden sin razón en la vida, y debemos aprender de lo que nos sucede para poder seguir adelante.

Al pasar el tiempo aprendes
(Autor desconocido)

Al pasar el tiempo aprendes que si estás con alguien nada más porque te ha ofrecido un buen futuro, tarde o temprano anhelarás volver a tu pasado.

Al pasar el tiempo descubres que haberte casado solo porque "te urgía hacerlo" es una clara indicación de que tu matrimonio terminará en un fracaso.

Al pasar el tiempo alcanzas a comprender que solo quien puede amarte con todos tus defectos, sin intentar cambiarte, realmente puede ofrecerte toda la felicidad que deseas.

Al pasar el tiempo te das cuenta de que si estás acompañando a esa persona sólo por evitar tu soledad, sin duda acabarás deseando no volver a verla nunca más.

Al pasar el tiempo te das cuenta de que los verdaderos

amigos tienen mucho más valor que cualquier cantidad de dinero.

Al pasar el tiempo entiendes que los amigos verdaderos son escasos, y que si no luchas por ellos tarde o temprano te verás rodeado solo de falsas amistades.

Al pasar el tiempo descubres que las palabras dichas en un momento de ira pueden seguir lastimando a quien heriste, aun durante toda la vida.

Al pasar el tiempo aprendes que cualquiera pide disculpas, pero el perdonar es solo de almas grandes.

Al pasar el tiempo comprendes que si has herido duramente a un amigo, es muy probable que la amistad jamás vuelva a ser igual.

Al pasar el tiempo te das cuenta que aunque seas muy feliz con tus amigos, vendrá el día en que llores por aquellos que dejaste ir.

Al pasar el tiempo comprendes que cada experiencia que has vivido con alguna persona es irrepetible.

Al pasar el tiempo descubres que aquel que humilla o desprecia a un semejante, tarde o temprano sufrirá las mismas humillaciones o desprecios, pero en mayor medida.

Al pasar el tiempo aprendes a construir todos tus caminos en el día de hoy, pues el terreno del mañana es demasiado incierto para hacer planes.

Al pasar el tiempo comprendes que acelerar las cosas o forzarlas para que suceden solo causará que al final no se den como esperabas.

Al pasar el tiempo te das cuenta de que en realidad lo mejor no era el futuro, sino el momento que estabas viviendo justo en ese instante.

Al pasar el tiempo experimentarás que aunque seas feliz con los que están a tu lado hoy, recordarás mucho a los que ayer estaban contigo y ahora se han marchado.

Al pasar el tiempo aprenderás que decir que amas, intentar pedir perdón, decir que extrañas, decir que quieres ser amigo y decir que necesitas, ante una ausencia… ya no tiene sentido en absoluto.

Pero desafortunadamente lo aprendemos… al pasar el tiempo.

Por eso recuerda estas palabras: "El hombre se hace viejo muy pronto y sabio muy tarde" (justamente cuando ya se le acabó el tiempo).

Cómo lidiar con asuntos de dinero

Necesitas encontrar maneras para ahorrar dinero durante el divorcio, de forma que no termines adquiriendo una deuda o teniendo que buscar un segundo empleo. Cuando un matrimonio se acaba, el dinero debería ser lo último en lo que tendrías que pensar, pero usualmente no sucede así. Tienes que aprender maneras de protegerte para que tengas el dinero suficiente para subsistir durante y después del divorcio. Estarás molesta y confundida después de que hayas anunciado tu separación, pero no te debes de sentir abrumada por el dinero que eventualmente podrías perder. Muchas personas aprenden por las malas lo que un divorcio realmente involucra, y esto usualmente significa que terminan con la mitad de las cosas.

Para comenzar, no te deberías casar sin antes haber firmado un acuerdo prenupcial. Si no tienes uno firmado, las cosas se te pueden poner un poco turbias cuando llegue el divorcio. No necesitas un acuerdo prenupcial solamente si eres una persona adinerada, necesitas tener uno independientemente de lo que poseas. Cuando se trata de las finanzas, ¿por qué te tienes que arriesgar a perder el dinero que tanto te ha costado ganar? Además, necesitas estar al tanto de tus finanzas durante el matrimonio. Tienes que saber a dónde va por lo menos el 80% del dinero, preferiblemente de todo.

Necesitas saber cuánto es tu patrimonio. Este es el total de tus bienes menos tus deudas. Si tienes $10,000 en el banco, y debes $50,000 entre tarjetas de crédito, hipotecas, préstamo del carro y otras deudas que puedas tener, entonces tienes un total de $40,000 de deuda, o sea, no tienes patrimonio. Pero si eres dueño de tu casa y pagaste $40,000 por ella, y debes un par de miles de dólares a tu tarjeta y te falta pagar poco por el préstamo de tu carro, tienes un patrimonio considerable, el cual debes proteger. Aunque estés endeudada, asegúrate de que no vayas a quedar atrapada en eso, y lo lograrás protegiéndote con una cláusula en tu contrato prenupcial.

En caso de refinanciamiento durante el divorcio, cualquier trámite que la otra persona vaya a realizar, asegúrate de que no incluya tu nombre en la escritura. Si los carros están a nombre de los dos, quita tu nombre de manera que si hay algún atraso en los pagos esto no vaya a arruinar tu historial de crédito. Por lo general la casa tiene que ser vendida y el dinero repartido, por lo que no tienes que preocuparte porque tu nombre esté en la escritura. Sin embargo pueden comprarte tu parte, y en ese caso sí tienes que eliminar tu nombre de la escritura y de la hipoteca.

Para realmente saber cuál es el estado de tus finanzas debes obtener un reporte de crédito. Muchos proveedores de tarjetas de crédito y prestamistas te dirán gratuitamente cuánto es tu crédito. Sin embargo, hay una tarifa de $15 si deseas obtener la información por medio de una compañía de reporte de crédito. Es conveniente que mantengas tu propia cuenta bancaria y siempre mantengan su dinero separado, de esta manera sabrán qué le pertenece a cada quien. También deben mantener sus tarjetas de crédito independientes. De esta forma pueden mantener las deudas separadas.

Puedes considerar sacar a la otra persona de los beneficios médicos que te ofrece tu trabajo. De esta manera puedes reducir gastos y eliminarlo de tus beneficios por completo. También querrás cambiar los beneficiarios de cualquier póliza que poseas en la que tengas a tu pareja como beneficiaria. Si adoptaste su apellido, puedes iniciar el trámite para recuperar tu apellido de soltera, sin embargo, esto es costoso, así que a lo mejor es conveniente dejarlo para después. Debes discutir con tu abogado acerca de la casa. Por derecho la casa debería ser vendida y dividir las ganancias.

4

Cuando hay niños de por medio

Conociendo acerca de la manutención de los niños

Necesitas saber qué es lo que dicen las leyes de tu estado acerca de la manutención de los niños. El punto clave en la manutención es asegurarse que los niños queden protegidos cuando los padres se separan. Después de un divorcio, algunas personas no pueden mantener a su familia con únicamente un ingreso, es por eso que se necesita solicitar manutención para los niños.

El juez determinará una manutención razonable, tomando en cuenta lo que lo padres hacen juntos para el cuidado del niño y las necesidades del mismo. Conforme el niño sea mayor, se va a necesitar más dinero, porque sus necesidades aumentan. Aquellos que se nieguen a pagar la manutención serán procesados. Es en contra de la ley ignorar las decisiones de las cortes. Generalmente, de la mano con la manutención, también se obtiene el derecho de ver a los niños en una forma regular.

Ambos padres tienen un deber para con los niños. Un padre va a dar el apoyo económico, y el otro va a usar ese dinero para cubrir los gastos de los niños. Generalmente quien pasa la menor cantidad de tiempo con los niños es quien paga la manutención. Algunas veces es la madre y otras es el padre. Los problemas maritales no tienen nada que ver con la manutención, porque no importa qué falló en el matrimonio, sólo es importante que el niño quede bien protegido. Lo único que importa es si el padre es responsable. Si hubo abuso, obviamente no obtendrá la custodia, y tendrá que pagar por la manutención independientemente si obtiene el derecho de visitar al niño o no.

Tú no decides cuánto hay que pagar, así que tienes que investigar cuando recién comiences el proceso del divorcio. Primero querrás que los pagos sean programados, los mismos tienen que hacerse antes de cierto día del mes y si no se realizan a tiempo, se puede terminar en la cárcel por atraso en los pagos de la manutención. Esta manutención se usa únicamente para darle al niño un albergue, alimentación y ropa. Puede ser utilizada para adquirir artículos para la escuela y otros gastos relacionados. Los pagos dejan de realizarse en el momento en que el niño cumple 18 años. Algunos estados requieren que se continúe pagando la manutención más allá de los 18 años si todavía asisten a la secundaria o incluso la universidad. Si se renuncia a la patria potestad tampoco es necesario continuar pagando la manutención. Obviamente, en caso de deceso del niño tampoco se debe de seguir pagando.

Tienes que averiguar lo más pronto posible cuánto es lo que probablemente tengas que pagar, ya que si no cumples con el pago, terminarás en la cárcel y tus cosas serán rematadas para cancelar la deuda. Tus propiedades serán incautadas por el gobierno y serán vendidas para recuperar el dinero. En caso que quieras recuperar tus cosas y tu dinero, tienes que pensar en cuánto dinero estás dispuesta a pagar y luego consultar con tu abogado para ver si se puede conseguir que la cantidad a pagar sea cercana a ese monto. Generalmente la gente paga entre $200 y $300 dólares mensuales por niño por concepto de manutención, pero esto también depende del país en el cual vivas.

Puede que quieras conseguirte un segundo trabajo para poder enfrentar este gasto. No te preocupes porque el pago se haga a tiempo, porque la mayoría de los patronos lo van a deducir directamente de tu salario.

De cada cheque de salario que recibas, se descontará un poco para cubrir el pago que tienes que hacer por la manutención. Si estás acostumbrada a un estilo de vida elevado, cuando comiences a pagar la manutención notarás que tu nivel de gastos tendrá que disminuir, de manera que puedas mantenerte con lo que ganas.

La manutención infantil es algo muy serio, y vas a darte cuenta de que no es nada económica. Consulta con tu abogado para saber qué esperar en cuanto a lo que probablemente tengas que pagar.

Con respecto a los niños, hace poco leí algo que me hizo reflexionar mucho. Como madre de tres pequeños, a veces me he visto en el error de pedirles a ellos que hagan cosas que ni yo misma estaría dispuesta a hacer.

Lo siguiente lo leí de una revista y lo tengo siempre a mano, para recordar los conceptos.

Catorce pedidos de un hijo a su padre

1. Por favor no me compares con otros, y menos con alguno de mis hermanos. Alguien de seguro va a sufrir si me haces quedar mejor que otro, y si me haces quedar mal ante los demás seré yo quien sufra.

2. No me des todo lo que te pida cada vez que lo haga. A veces pido para saber hasta cuánto es razonable

pedir.

3. No me grites. Cuando lo haces te respeto menos, y lo peor es que también me enseñas a gritar a mí, y yo no deseo que perdamos el mutuo respeto que nos tenemos.

4. No seas de aquellos que siempre están dando órdenes. Si en lugar de dar órdenes tan sólo me pidieras las cosas, yo lo haría más rápido y con más gusto.

5. Cumple las promesas que hagas, sean estas buenas o malas. Si me prometes un premio, dámelo, y si es una penitencia, sostenla.

6. No digas mentiras delante de mí, ni me pidas que las diga por ti, ni siquiera para sacarte de un apuro. Me hace sentir mal y pierdo la fe en lo que dices.

7. No cambies de opinión tan a menudo sobre lo que debo hacer: decídete y mantén firme tu decisión, de lo contrario viviré siempre pendiente del próximo cambio de idea que se te ocurra.

8. Déjame valerme por mí mismo. Nunca podré aprender si lo haces todo por mí. Por si lo olvidaste, sólo se aprende cuando cometemos errores.

9. Si sabes que te has equivocado, admítelo. La opinión que tengo de ti aumentará, y de paso también me enseñarás a admitir mis equivocaciones.

10. No me demandes que te diga "por qué lo hice" cuando he hecho algo que no está bien. Hay veces ni yo mismo lo sé.

11. Enséñame a amar a los demás y dame la oportunidad de conocerlos. No importa si piensas que la vida me lo va a enseñar de todas maneras, porque de nada vale si veo que tú no amas ni vives en contacto con tu prójimo.

12. No me digas que haga algo que ni tú estás dispuesto a hacer. Yo siempre aprendo de lo que haces, pero me cuesta hacerlo si lo que dices no va de la mano con lo que haces.

13. Cuando te cuente un problema personal no me digas: "No tengo tiempo para tonterías, o eso no tiene importancia." Intenta comprenderme y ayúdame.

14. Pero por sobre todas las cosas, si es cierto que me quieres, de vez en cuando dímelo. Aunque tú no creas que sea necesario a mí me gusta oírtelo decir, porque yo te amo con todo mi corazón.

10 consejos para padres solteros

1. Recuerda que el proceso de separación puede ser muy traumático para los niños, por lo que ten cuidado con las complicaciones que este puede acarrear, especialmente con los sentimientos de soledad,

desesperanza, culpa y desesperación.

2. A medida que avanzas en la crianza de tus niños, evita la sobreprotección y el perfeccionismo, pero nunca dejes de establecer los límites que consideras necesarios.

3. Evita conformarte con cualquier pareja con tal de sentirte acompañado o por el solo hecho de querer ofrecerles a los niños una figura paterna o materna.

4. Si tienes niños mayores, evita verlos como acompañantes o confidentes. A pesar de que ya puedan entender muchas cosas, ciertos temas todavía deben ser discutidos con mayores de edad. No los confundas contándoles todos los problemas y vicisitudes de tu separación amorosa.

5. Debes aprender a lidiar sanamente con aquellos sentimientos de culpabilidad y enojo que puedan sentir tú y tus niños sobre tu pareja ausente.

6. Prepárate para responder todas las preguntas que tengan tus niños sobre el padre o la madre ausente. Hazlo de manera clara pero usando sensibilidad, los niños no deben percibir odio ni tampoco cualquier sentimiento negativo.

7. Comparte con otros adultos las responsabilidades que esta separación te ha dejado, especialmente con tu familia. Están allí para ayudarte a que te levantes

nuevamente y sigas con tu vida.

8. Aparta algo de tiempo personal para divertirte y socializar con otras personas. Es fundamental que a lo largo de este proceso separes tiempo para distraerte.

9. Busca información sobre cómo el estado puede ayudarte con la educación de tus hijos, recursos tales como guarderías subvencionadas.

10. Busca la ayuda profesional de consejeros y psicólogos si consideras que tú o tus niños la necesitan debido a lo que están viviendo.

Cómo conservar tu casa

Cuando se trate de conservar la casa, tienes que ser realista. ¿Puedes comprarle a tu pareja su parte? ¿Puedes hacerle frente a los pagos de la casa? También deberías pensar en quién se va a quedar con los niños. Si no quieres que los niños se queden contigo, entonces no esperes quedarte con la casa, ya que usualmente la casa la mantiene quien se queda con los niños. No pidas la custodia de los niños simplemente para quedarte con la casa. Los niños no deben ser usados como una palanca en un juicio.

Ellos no deben ser usados de manera que tú puedas obtener todo lo que quieras. Una de las razones principales por las que la casa se tiene que vender durante un divorcio es porque ninguno de los dos puede hacerle frente a los pagos por sí solo. Si alguno de ustedes dos puede, entonces puedes tomar ventaja y comprarle su parte, o por el contrario, venderle tu parte. Si quieres la casa, pídele a la otra persona que se mude de inmediato. De esta manera vas a tener más probabilidades de quedarte con la casa, así como de que la otra persona la pierda, ya que te la está cediendo.

La persona que se mude será percibida como alguien muy generoso porque le cedió al otro la casa. Solicita una remoción, esto te permitirá tener una ausencia temporal, pero recuerda que la otra persona puede solicitar una estancia temporal en la casa una vez que la otra persona se ha ido. Tienes que tener un plan de acción en caso de que pierdas la casa.

No tienes garantizada la propiedad, así que no actúes como si la tuvieras. Pero si llevas tus negocios desde la casa o dentro de ella, si obtienes la casa sería más que nada porque se demostraría que causaría un inconveniente innecesario si la pierdes. Demostraría que la casa es más valiosa para ti.

Tienes que asegurarte de que nunca vas a abandonar tu casa porque perderías tus pertenencias. Querrás consultar con tu abogado sobre cualquier consejo que te pueda dar para mantener tu casa. Asegúrate de que no vayas a sufrir financieramente simplemente para quedarte con la casa. Recuerda que tú vas a ser quien se encargará de arreglar las cosas. ¿Puedes pagarle a alguien para que haga los arreglos o puedes hacerlos tú misma?

Si te quedas con la casa es conveniente que cambies las cerraduras. Así te asegurarás que nadie entre a la propiedad sin tu permiso. Cámbialas tan pronto la otra persona se mude de la casa. De esta manera no te pueden causar ningún daño durante el proceso. Incluso es posible que quieras instalar una alarma con el fin de que nadie pueda abrir una ventana e ingresar a la propiedad. Si piensas que tu vida puede correr peligro, no pelees por la casa. De todas maneras, como madre o padre tienes el derecho de proteger a tu hijo y querer quedarte en la casa. Cuando se trate de disputas que incluyan alguna propiedad, tienes que preguntarte si vale la pena y por qué estás presionando sobre ese asunto.

Si de verdad deseas quedarte con la casa, te encontrarás con que tendrás que renunciar a las demás cosas, por eso es que tienes que evaluar la casa en contra de las otras pertenencias. Por lo general, si obtienes la casa te quedas prácticamente sin nada más. Puede que recibas manutención y pensión, pero en la mayoría de los casos no obtienes ninguna de las otras posesiones.

Cuando estés en el proceso de divorcio, asegúrate que no tienes nada que ocultar. En caso de que lo tengas, ten un plan de respaldo para que te ayude a limpiar tu nombre, y para que así la corte esté más inclinada a darte la casa. Quieres tener a los niños presentes cuando se trate de conseguir la custodia de la casa.

Avanza emocionalmente

Un divorcio es una de las más grandes experiencias de la vida que te pueden afectar. Sentirás que de repente todo tu mundo se derrumba. Necesitas enfrentar algunos asuntos tales como el dinero, los niños, tus cambios personales, y cómo te puedes adaptar a un divorcio. Primero, tienes que darte cuenta que existe vida después del matrimonio. Puedes tener una nueva vida y no estar atada a un matrimonio que no puedes hacer que funcione. Tienes que iniciar el proceso de divorcio admitiendo que esto te está pasando verdaderamente a ti. Necesitas salir del estado de negación y aceptar que las cosas van a ser diferentes. No esperes que tu pareja regrese corriendo a tu lado, porque ya la decisión está tomada. ¿Por qué deberías dejar que esa persona regrese a tu vida si es capaz de producirte tanto dolor? Si alguien puede hacerte tanto daño entonces no vale la pena.

Para avanzar hacia algo mejor, tienes que aceptar cuando el duelo es bueno y cuando no lo es. Tómate tu tiempo para estar de duelo. Tienes que dar muchos pasos para llegar al punto en que finalmente lo aceptes. Estarás sorprendida, luego confundida, después enojada y así sucesivamente. A lo mejor necesitas pasar varios meses acostada en tu cama y contemplar hacia dónde va tu vida. Puedes pasar un fin de semana en cama, y luego el lunes siguiente te levantas y vas a trabajar manteniendo tu cabeza en alto. Necesitas tomarte un tiempo para examinar tu vida y luego te tienes que enfocar en tu vida y en tus hijos.

No puedes simplemente dejar de ser una madre, tienes que enfocarte en tus hijos. Tienes que recobrar la compostura o nunca lograrás ser feliz. Necesitas asegurarte de que eres una persona productiva. Una vez que el divorcio haya finalizado, haz lo que tengas que hacer para ser feliz y enfócate en las cosas que importan en la vida. Simplemente no te des por vencida.

Una vez que has aceptado tu destino, no necesitas ser tan negativa con respecto a éste. Puedes ser una persona soltera de cualquier edad y aun así encontrar el amor verdadero o la felicidad. Necesitas tomar las cosas negativas y convertirlas en algo positivo. Deja atrás el pasado y enfócate en vivir tu presente para que cambie tu futuro. Disfruta lo que tienes y espera con gran expectativa lo que el futuro te tiene por delante. No debes de guardar ningún rencor, porque hacer esto puede tener un efecto negativo sobre los niños. Quieres hacer todo lo posible para que ellos se vayan ajustando gradualmente, por eso es que tienes que olvidarte de tener cualquier tipo de arrepentimiento. No tienes que arrepentirte de tu matrimonio, ya que de él tienes muy buenos recuerdos. Si tus hijos son el resultado de ese matrimonio, entonces obviamente no te arrepientes de haberlos tenido.

Para iniciar el proceso de salir adelante tienes que actuar como una persona adulta. Aunque tengas ganas de gritar, maldecir y ponerte en difícil, recuerda que tienes niños y tienes que preguntarte qué pensarían de ti si te vieran actuar de esta manera. Necesitas ser un modelo a seguir para tus hijos, así que no puedes mostrarte ante ellos totalmente alterada y fuera de tus casillas, porque ellos te ven como su guardián y protector.

Una vez que te hayas recuperado entonces ya puedes empezar a planear tu nueva vida. Puedes adquirir una casa nueva, comprar un carro nuevo, y reconstruir una vida que sea completamente como tú quieras. Ahora tienes un completo control sobre las cosas. Tienes tanta libertad y tienes que tomar ventaja de esa libertad. Cambia tu apariencia, re-decora la casa, haz lo que tengas que hacer con tal de reencontrarte a ti misma.

Una historia que me ayudó a avanzar emocionalmente es la que podrás leer a continuación. Tiene una moraleja muy importante que espero que te ayude así como me ayudó a mí.

El anillo del Rey

(Autor desconocido)

En cierta ocasión, el rey de un próspero imperio le dijo a todos los sabios de su corte:

-En el día de ayer me informaron que encontraron un gran diamante en las minas del suroeste, así que decidí fabricarme un precioso anillo. Mi deseo es guardar oculto dentro del anillo algún mensaje que me sea de ayuda en momentos de total desesperación. Me gustaría que este anillo lo puedan heredar mis sucesores, así que también espero que el mensaje oculto también les ayude a ellos, como así también a los herederos de mis herederos. Debe ser un mensaje más bien diminuto, de tal manera que pueda colocarse justo debajo del diamante del anillo.

Todos los presentes que escucharon el deseo del rey eran sabios, ilustrados y grandes eruditos, por lo que podrían haber escrito grandes tratados y numerosos libros, pero idear un mensaje de no más de dos o tres palabras que sea tan pequeño como para caber en un anillo, y que encima le pudiera ayudar a quien lo poseyera en momentos de desesperación total, era una gran tarea.

Así fue que sin tardar se pusieron rápidamente manos a la obra, consultando las grandes bibliotecas del reino, pensando e informándose con sus libros, pero luego de varios días todavía no encontraban algo que fuera de valor.

Mientras los eruditos seguían con su búsqueda, el rey recordó a su anciano sirviente. Este longevo mayordomo fue quien sirvió a su padre cuando su madre murió, y quién también cuidó del anciano rey hasta que este también falleció. Habiendo estado con la familia por tanto tiempo, era tratado como uno más de la familia, y el rey sentía un inmenso respeto por él, de modo que también le contó sobre su proyecto, a lo que el anciano le respondió:

-No soy un sabio, ni un académico, ni tampoco un erudito, pero conozco lo que debe decir el mensaje. A lo largo de todos estos años viviendo en este bello palacio, me he encontrado con todo tipo de personas, y en una ocasión, todavía estando al servicio de tu padre el rey, me topé con cierto místico, el cual era su invitado de honor.

Cuando llegó el momento de marcharse, y como un gesto de agradecimiento por los servicios recibidos de parte de tu humilde servidor, me obsequió este mensaje. – casi al mismo tiempo en que terminaba la frase, el anciano sacó un diminuto papel, escribió algo muy cuidadosamente, lo dobló y se lo entregó al rey en sus manos, no sin antes advertirle:

No lo leas, –le dijo– consérvalo escondido en el anillo cuando lo lleves en tu dedo. Ábrelo sólo cuando no encuentres salida a la situación que estés viviendo, cuando todo lo demás haya fracasado.

Desgraciadamente ese momento llegó más rápido de lo que el rey hubiera querido. El país fue invadido por tropas enemigas y el rey perdió todo lo que poseía, incluido el reino. Al verse rodeado por soldados, y ver que su castillo ya había sido completamente rodeado, fue escoltado por su guardia personal hacia un escape secreto. Logró salir del palacio con rumbo al bosque contiguo, huyendo en su caballo para salvar la vida, pero alcanzó a divisar que sus enemigos lo estaban persiguiendo.

La guardia que lo escoltaba quedó atrás en un esfuerzo por protegerlo, así que siguió solo, pero sus perseguidores eran numerosos y lo estaban alcanzando rápidamente. De pronto llegó a un lugar donde el camino se acababa, por lo que no había salida aparente: frente de él tenía un precipicio y podía ver un profundo valle que se abría, así que caer por él sería el fin de su vida. No podía volver porque sabía que el enemigo le estaba cerrando el camino y cualquier vía posible de escape.

El rey estaba impedido de seguir hacia adelante, no existía ningún otro camino, y sus enemigos se venían acercando, pues ya podía escuchar el trotar apresurado de los caballos.

De repente, se acordó del anillo. Rápidamente lo abrió con sus manos temblorosas, sacó el papel de abajo del diamante y allí encontró un pequeño mensaje, pero con tremendo y gran valor:

Decía simplemente así: "esto también pasará." Y mientras lo leía sintió que lo cubría un gran silencio que venía sobre él. De pronto dejó de escuchar el sonido de sus enemigos que venían persiguiéndole. Tal vez se perdieron en el bosque, o tal vez equivocaron el camino, lo cierto es que de a poco dejó de oír el trote de los caballos que venían contra él.

El rey sintió un profundo agradecimiento para con su sirviente y ese místico desconocido. Consideró que aquellas pequeñas palabras ciertamente fueron milagrosas, así que dobló el papel otra vez, volvió a ponerlo en el anillo debajo del diamante, y reunió a todo su ejército con el firme propósito de reconquistar nuevamente el reino. Y lo logró.

El día de la entrada triunfal para festejar la victoria hubo una gran celebración con bailes, música y cantos de triunfo. El rey observaba semejante despliegue muy orgulloso de sí mismo. El anciano sirviente, quien estaba sentado a su lado en el carro, le dijo:

-Este momento también es apropiado para volver a mirar el mensaje.

-¿De qué hablas?- preguntó el rey, sin entender lo que

el anciano quería decir. -Ahora estamos celebrando la victoria, la gente está aclamando mi vuelta, no siento desesperación alguna y mucho menos me encuentro en alguna situación sin salida.

-Mi rey, –dijo el anciano sirviente– ese mensaje no es sólo para situaciones límite, sino también para situaciones agradables. No es sólo para cuando se siente derrotado, sino también para cuando se siente triunfador. Ese mensaje no es sólo para cuando sea el último, sino también para cuando sea el primero.

El rey abrió el anillo y leyó el mensaje otra vez: "esto también pasará." Miró al cielo y sintió que la misma paz lo estaba envolviendo, experimentó el mismo silencio aun en medio de toda la muchedumbre que celebraba y bailaba a su alrededor. Sintió que todo el ego y el orgullo también habían desaparecido.

Fue así que el rey pudo finalmente comprender el mensaje del todo: Lo bueno era tan transitorio como lo malo. Entonces el anciano le dijo:

-Mi rey, por favor recuerde siempre que todo pasa. No hay emoción alguna que sea permanente. Así como existen el día y la noche, también existen momentos de alegría y de tristeza. Cualquier situación, sea esta buena o mala, pasará y dejará lugar para algo totalmente nuevo. Acéptelas como parte de la dualidad de la naturaleza.

Luego de leer esta historia, ¿cuál es entonces la actitud que tomas ante las diferentes circunstancias que tienes que vivir? ¿Ya aprendiste a que todo pasará, aun esta situación amarga que estás viviendo y que parece no tener control?

5

Cómo rehacer tu vida

Con respecto a tu vida sexual

Todos los que han sido heridos por una decepción amorosa juran que nunca más van a querer tener una relación a largo plazo. Sin embargo, eso nunca sucede. Muchas mujeres aducen que no se quieren involucrar en otra relación después del divorcio porque esto puede afectar a los niños. Está bien el querer salir adelante. De hecho, muchas personas esperan que su ex pareja salga adelante y pueda tener relaciones sexuales, así como alguna relación significativa.

La única cosa de la que te tienes que preocupar cuando se trate de relaciones sexuales y divorcio es que nunca tienes que regresar con tu ex si la base de ese regreso es nada más que sexo y placer momentáneo. Si ésta es una persona que ha podido herirte tanto y te ha dejado, ¿por qué querrías volver con tal de tener un poco de sexo? Eso no te va a beneficiar con el divorcio y tampoco les beneficia a los niños, en caso de que los hubiese. Cuando te juntas con tu ex, esto confunde a los demás. Las mujeres a veces piensan que ellos quieren volver, pero la mayoría de las veces se trata simplemente de tener sexo. No tiene ningún otro tipo de significado. Si comienzas a verte con tu ex de nuevo, te darás cuenta de que los niños se van a confundir con esta situación. Puede incluso que les alientes falsas esperanzas de que ustedes dos vuelvan a estar juntos. Esto puede ser devastador para los niños.

Después de que hayas considerado volver a tener relaciones sexuales luego de tu divorcio, pregúntate por qué lo quieres hacer. ¿Te sientes sola, es algo hormonal o realmente te importa la otra persona? Si realmente es algo más que simplemente soledad o las hormonas, y verdaderamente te importa, entonces vas a inclinarte más a hablar acerca del sexo antes de dar ese salto. Asegúrate de que no vaya a ser algo que te pueda causa un dolor inmediato. El amor implica riesgos, pero tienes que cuidarte de que no vayas a darte la vuelta y encontrarte con que todo se trataba de una mentira. No quieres que se aprovechen de ti. No estés en una relación para esconder quien realmente eres o para mantener al amor a una distancia segura donde sientas que estás en control. No estés con alguien por quien no te preocupas lo suficiente de manera que sabes que no te romperán el corazón.

Otra cosa que tienes que tener presente es que todos los hombres son diferentes. No deberías de pensar en cómo te van a terminar hiriendo porque en el pasado otros lo hayan hecho. Si haces que tus intereses actuales sufran por culpa de lo que te pasó en relaciones pasadas, estás condenando tu relación actual. Está bien confiar de nuevo y amar de nuevo. Hay riesgos, pero el amor se trata de eso. Vale la pena el riesgo y luchar por lo que realmente quieres.

Si estás planeando tener relaciones sexuales con alguien más después del divorcio, entonces asegúrate que sea algo que realmente quieres. Asegúrate que puedes vivir con esa decisión y que eres responsable al respecto. Hoy en día tienes que tomar las precauciones adecuadas, no solamente con respecto a tus sentimientos sino con respecto a tu salud. Necesitas tomar las medidas necesarias para protegerte de las enfermedades de transmisión sexual y de un embarazo.

Cuando empieces una nueva relación, empieza una nueva página. No menciones mucho tu pasado. No compares tu forma de ser con él con respecto a la forma en que te comportabas con los demás. Si las cosas están bien entonces van a funcionar. No veas tu vida como un sistema. El amor es uno de los sentimientos más misteriosos. Es difícil describirlo y es difícil saber por qué pasan las cosas. Nunca sabes cuándo te vas a enamorar o cuando vas a dejar de estar enamorada de alguien. Si llevas las cosas despacio y dejas que tomen su propio curso te encontrarás con que el amor te va a encontrar a ti. Serás muy feliz.

Siempre recuerda lo siguiente: No permitas que tu divorcio te impida tener una buena relación. Que una relación haya fallado en el pasado no quiere decir que lo hará en el futuro. Hay esperanza, así que sal de tu comodidad y mira la vida con optimismo y confianza nuevamente.

Haciendo nuevos amigos especiales y siguiendo adelante

¿Te ves a ti misma divorciada y teniendo citas de nuevo? Es difícil pensar en alguien lo suficientemente especial como para intentarlo. Ya de por sí es difícil aceptar una primera cita y menos aún comenzar una nueva vida con alguien especial. Salir con alguien es un juego que puede implicar buenos y malos momentos. El asunto con respecto al amor es que corres el riesgo y los demás también. La emoción es por lo que vivimos, y la necesitamos en nuestras vidas.

Si has estado fuera de este ambiente por un largo

tiempo, a lo mejor te vas a sentir un poco fuera de lugar. Te enfrentas a nuevas situaciones y a gente nueva. El salir con otras personas es difícil y se vuelve cada vez más dificultoso conforme nos vamos haciendo más viejos. ¿Por qué? Porque conforme vamos envejeciendo tendemos a estar a la defensiva más que a la ofensiva cuando se trata de tener citas y conocer nuevas personas. Antes de comenzar a salir, tienes que detenerte un momento y pensar acerca de algunas cosas. Tienes que pensar seriamente acerca de qué es lo que estás buscando y por qué lo haces.

Lo primero que tienes que hacer es definir tus prioridades. ¿Quieres conocer gente nueva, quieres que sean solamente amigos o estás buscando una relación? No permitas que nadie te diga lo que deberías hacer. Puedes tener sesenta años y aún así querer encontrar el amor. Nunca dejes que nadie te diga lo que quieres. Tienes que saber primero qué es lo que quieres de tal manera que no vayas a engañar a nadie o enviar un mensaje equivocado. Esta es la manera de tener una cita inteligente. Una cita inteligente significa que ambos tienen los mismos objetivos y las mismas metas.

Lo siguiente es tener la mente abierta. Tal vez ya te has olvidado de lo que es estar enamorado. Puedes cometer grandes errores en nombre del amor. No te permitas alejarte mucho de la realidad. No dejes que te rompan el corazón demasiado pronto. La primera cita siempre es la peor. Si él llama de vuelta, perfecto, y si no lo hace está bien, porque siempre puedes otra cita. No te limites a ti misma. Date la oportunidad de ver alrededor para que sepas exactamente qué es lo que estás buscando. Esto te permitirá escoger a alguien porque quieres y no porque estás siendo conformista.

Cuando llegue el momento de conocer a alguien nuevo tienes que estar abierta a los canales del amor. Permite que tu familia y amigos te ayuden a entrar de nuevo en el juego teniendo citas a ciegas o asistiendo a los grupos de citas rápidas. Puedes pedirle a alguno de tus amigos que te ayude a encontrar a alguien y podrías pedirle a tu familia también lo mismo. Con respecto a las citas a ciegas tienes que asegurarte de que te apoyen. No permitas que nadie te diga que ya estás muy vieja para eso o que las citas a ciegas son algo ridículo. Todos hemos tenido citas a ciegas, de las cuales una o dos terminaron en una relación que ha significado mucho.

Puedes responder algún anuncio personal publicado en internet o en algún periódico. Lo único por lo que te tienes que preocupar con respecto a tener una cita a ciegas es que se lleve a cabo en un lugar público. Asegúrate de no correr ningún peligro cuando vayas a conocer a alguien. No permitas que conozcan tu nombre completo ni dónde vives hasta que no hayan salido varias veces y pienses que es alguien a quien te gustaría conocer más a fondo.

Cuando te hayas permitido conocer a esa persona

especial, notarás que tu vida se empieza a componer y que puede que hayas conocido a la persona con quien tendrás un final feliz. La única cosa acerca de los finales felices es que ellos no te encuentran a ti, tú tienes que buscarlos.

En cuanto a tu crédito

A lo largo de este libro hemos visto que un divorcio es algo muy duro de llevar en la vida de cualquier persona. Puede ser algo con lo que es muy difícil lidiar emocional y financieramente al mismo tiempo. Algunas veces es posible arruinarse financieramente por un problema crediticio una vez que el divorcio ha terminado. Por esta razón es que tienes que buscar una manera de reconstruir tu vida y tu crédito al mismo tiempo.

El crédito es muy importante y tienes que asegurarte de hacer lo necesario para restablecerlo y recuperarlo. Tienes que ser un consumidor competitivo en el mundo actual y eso significa que tienes que tener un buen crédito. Asegúrate de que estás haciendo lo indicado para reconstruir ese crédito que es crucial para tu bienestar financiero.

Existen algunas cosas de las que te puedes ocupar después del divorcio, y una de las más importantes es cancelar las tarjetas de crédito mancomunadas. Debes hacerlo así porque no quieres que haya tarjetas de crédito flotando por ahí qué están a nombre de ambos. Asegúrate de ocuparte de las finanzas que puedes controlar. Una vez que hayas cancelado las tarjetas de crédito que no quieres o no necesitas más, y luego de que te hayas ocupado en esas deudas y obligaciones que tenías junto a tu pareja, te puedes enfocar en aumentar tu propio crédito.

Para aumentar tu crédito personal necesitar actuar en forma inteligente. Esto significa que te tienes que asegurar de que estás tomando una tarjeta de crédito con una buena tasa de interés y que te va a ayudar a mejorar tu crédito. Debes obtener toda la información que necesitas para tomar buenas decisiones con respecto a las tarjetas de crédito y qué es lo que te conviene más a ti.

Puedes buscar asesoría con respecto a reconstruir tu crédito. Esto puede ser una buena idea porque así podrás saber cuáles son las diferentes maneras en las que puedes controlar un poco más tu tarjeta de crédito, y encontrarás grandiosos secretos que te ayudarán a tomar decisiones más inteligentes acerca de lo que haces con tus finanzas. Siempre es muy útil buscar consejo y asesoría, pues esas personas te darán puntos de vista que no habías vislumbrado antes, además te pueden brindar información confiable y detallada de otros casos parecidos al tuyo y de cómo lograron resolver esas cuestiones.

Tienes que mantener un presupuesto. Eso es algo sumamente importante. Necesitas tener planeado un buen sistema. Solamente tienes que tener tarjetas de crédito con compañías que te ofrezcan una buena tasa de interés y que te van a ayudar a reconstruir tu crédito. Asegúrate de no sobrepasarte de los límites. Gasta solamente lo que puedes pagar tan pronto como sea posible. Esto es, por supuesto, a menos que te encuentres en una emergencia y necesites hacer un gasto inesperado.

Si ya estás divorciada, asegúrate de arreglar tu historia crediticia matrimonial antes de cambiarte de nuevo a tu apellido de soltera. Déjalo arreglado de manera que no vayas a arruinar tu nuevo nombre y nuevo estilo de vida por algunas malas decisiones que hayas tomado en el pasado. Tienes que ser cuidadosa y pensar en la manera en que usas tu tarjeta de crédito, así como encontrar formas de controlar tus gastos para que puedas tener una vida libre de deudas.

Tómate el tiempo y cancela todas las deudas que tengas, una a la vez. Concéntrate primero en la tarjeta que tenga la tasa de interés más elevada. Deshazte de ella para que puedas tener control de tu vida y todas las finanzas que están relacionadas con ella. Puedes estar segura de que si adoptas un método seguro y encuentras maneras para que tu presupuesto funcione, serás capaz de reencaminar tu vida y lograr una gran diferencia en la manera en que vives tu vida y haces que tus finanzas funcionen.

Con respecto a tus hijos

Antes de comenzar con esta sección, compartiré un caso de la vida real. Este testimonio fue escrito por Analía (no es su nombre verdadero) y enviado a un conocido medio periodístico de Canadá.

"A menudo tenía más de una fiesta de cumpleaños cuando era niña. Eso suena bien, pero en realidad no era lo que parecía. Yo soy una hija de un divorcio. Mi infancia no fue mía. Perteneció a mis padres.

Me esforcé mucho por apaciguar a cada lado de mi familia. Mi vida transcurría entre dos personas separadas, lo que usualmente significaba que yo estaba a la orilla de cada familia, y no adentro de la misma. Las personas que más amaba nunca estaban juntas en la misma habitación, y muchas veces actuaban como si no existiera. Me perdía de eventos y celebraciones, ya que tenía que pasar tiempo con mi otra familia.

Los niños de padres divorciados aprenden a hacer frente a estas inconsistencias y a la inestabilidad, pero ya para cuando tenía 10 años me cansé de tanto esfuerzo. No quería vivir en dos casas diferentes, con dos habitaciones diferentes, con mudas de ropa diferentes, con diferentes juguetes, diferentes amigos y diferentes reglas. Yo estaba atrapada entre la espada y la pared a tan solo 10 años de edad.

Así que un día le dije a mi papá que ya no quería venir a visitarlo más. Fue un acto de valentía y desafío. Nunca sabré si fue la decisión correcta o no, pero en ese momento ninguno de mis padres poseía la objetividad o la estabilidad emocional que necesitaban para llegar a una solución más positiva. Y entonces así se dieron las cosas.

La lucha por el poder que había permanecido en estado latente entre mis padres entró en erupción de nuevo, y esta vez se dirigió hacia mí. Esta vez, fue el responsable de la discordia. En una casa me echaban la culpa y en la otra era una víctima. No hubo más fiestas múltiples de cumpleaños. En cambio, hubo estabilidad y consistencia en una casa, pero irritación y evasión en la otra.

Esa decisión que tomé tan de pequeña vino acompañada de consecuencias, y con el paso del tiempo se fue perdiendo el contacto con la familia de mi papá. Es difícil mantenerse en contacto con personas relacionadas a alguien al que hemos decidido tener lejos. Los primos con los que supe jugar y divertirme en algún momento fueron borrados de mi vida. Nunca nos visitamos otra vez. ¿Fue porque era la mejor manera de cortar los lazos de una vez por todas? ¿O era mi castigo por ser una niña tan horrible? Todo lo que sabía era el silencio y la pérdida que experimenté.

Cuando llegó el tiempo de mi adolescencia, mi madre se volvió a casar y llegué a conocer nuevos primos. Aprendí nuevas tradiciones de Navidad y me senté a la mesa con nuevos niños a la hora de la cena. En lugar de pasar de una familia a otra, la vida se volvió más estable. Pero todo eso cambió de nuevo cuando mi mamá y mi padrastro se separaron durante mi primer año de universidad.

Traté de mantenerme en contacto con miembros de la familia cada vez que me fui a casa para las fiestas. Una vez más, traté de complacer a todo el mundo mientras que la ansiedad inundó mis pensamientos. ¿Con quién debo pasar la nochebuena? ¿Debo visitar a esta familia o a la otra? ¿Se ofenderán si no me hago tiempo para verlos? ¿Se sentirán mal si no les llevo regalos?

Me hubiera encantado que todos puedan visitarme en mi casa, pero como vivía con mi mamá eso era más bien imposible. En su lugar, yo me ocupaba de visitarlos a todos diligentemente por mi cuenta, realizando pequeños regalos pensativos que compraba con mi pequeño presupuesto de estudiante. Pero siempre tenía una pequeña charla y me sentía como una extraña. Siempre fui el invitado incómodo, nunca el anfitrión acogedor.

Durante 10 años después de que me gradué de la universidad, viví lejos de casa. Ni un solo miembro de la familia de cualquiera de mis cuatro familias (con excepción de mi madre) vino a visitarme. Tampoco me llamaron ni me avisaron si pasaban por mi ciudad. Sin embargo, cada vez que iba a casa por Navidad, programaba visitas, compraba regalos y me hacía tiempo para ver a tanta gente como pudiera. Hice esto para que se sientan bien.

Hace dos años me mudé de vuelta a casa y ahora vivo a menos de un día de viaje lejos de mis cuatro familias, sus nuevos cónyuges y niños de corta edad. Todos estamos conectados en Facebook, pero mi madre sigue siendo la única persona que llama o visita.

Cuando oigo que un miembro de la familia visita mi ciudad, pero no llama, me entristece, pero me doy cuenta de que no llaman porque realmente no me conocen. Para ellos, yo nunca fui un miembro de sus familias. Yo era sólo alguien que de vez en cuando pasó algunas navidades aquí y allá.

Aunque eran mi familia, nunca fui parte de la suya. Ellos no saben que son sólo una de las varias personas repartidas en cuatro familias diferentes con las cuales yo no era capaz de mantenerme en contacto.

A veces el divorcio nos separa tanto que no nos permite hacer conexiones reales y duraderas con la familia.

Este verano me voy a casar. Estoy tratando de no tener demasiadas expectativas (lo sé, ninguna familia es perfecta), pero mi futuro marido es muy bueno para mantenerse en contacto con la gente. Él es persistente, carismático, perdonador y leal. Él me está enseñando lo que significa la familia. Juntos vamos a enseñarles a nuestros hijos a alcanzar a otros con compasión y a consolidarnos entre sí a través de tiempos de oscuridad.

Tengo muchas ganas de apostar a la alegría, la amistad y la hospitalidad con mi nueva familia, y tengo la intención de hacer todo lo que pueda para seguir casada."

Una de las cosas más importantes en las que tienes que pensar cuando te estás divorciando es que hay niños involucrados. Asegúrate de mantenerlos alejados de cualquier conflicto que pudiera haber entre tú y tu ex. Preocúpate porque reciban la mayor atención posible por parte de ustedes dos. Esto los hará sentirse amados y necesitados, de manera que no pensarán que esto es culpa de ellos. Es muy importante que prepares la transición y expliques los detalles, los planes y el hecho de que esta separación no es su culpa.

Tienes que tomar todas las medidas necesarias para mantener a los niños alejados de la línea de fuego. Protégelos de todos los problemas que pueden surgir durante un divorcio. Asegúrate de ayudarlos durante este tiempo tan difícil y dales cualquier tipo de ayuda que puedan necesitar a la hora de enfrentarse con estas presiones.

Vas a querer mantener las líneas de comunicación abiertas con tus hijos durante un divorcio. Asegúrate de que estén conscientes de que vas a estar ahí para ellos en todo momento y que vas a hacer que todo esté bien. Tienes que estar pendiente de los niños que están en medio de un divorcio, y asegurarte que no vayan a tener malos pensamientos con respecto a lo que está pasando. Necesitarás esforzarte mucho para cerciorarte de que ellos no se vean afectados de forma negativa por el divorcio.

Si lo consideras necesario puedes buscar ayuda profesional para tus hijos. Si los llevas a que hablen con algún consejero, esto les permitirá sortear cualquier problema que puedan estar enfrentando a causa del divorcio. Puede que tengan sentimientos de rechazo, de culpa, de tristeza, o se sientan deprimidos. No importa por qué tipo de sentimientos ellos estén pasando, puede que necesiten conversar con alguien más de manera que puedan recibir ayuda y sentirse mejor con lo que está sucediendo a su alrededor.

Vas a querer averiguar si ellos tienen alguna pregunta con respecto a lo que vaya a suceder con ellos. A lo mejor ellos quieren saber algunas cosas pero no tienen el valor de preguntarlas. Este es el momento indicado para aclararles que ellos tienen la libertad de sentir lo que quieran y que todo va a estar bien. Esto ayudará a confortarlos y ayudarlos a que expresen sus temores.

Es conveniente que tú y tu ex se sienten junto con los niños de manera que ellos puedan hablar con ambos acerca de lo que está sucediendo. Esta es una manera de asegurarte de que todos están siendo honestos y que el otro padre no les está diciendo mentiras o cosas hirientes acerca del otro. Es importante mantener fuera del alcance del oído de los niños cualquier comentario negativo. No quieres que escuchen hablar mal de su padre o madre. Esto simplemente hará que el niño se sienta más confundido y posiblemente le infunda temor.

Asegúrate de que los niños mantengan una relación cercana con ambos lados de la familia siempre y cuando sea una relación sana. El contacto regular con ambos padres es crucial, salvo en aquellos casos de abuso corporal, sexual, emocional y violencia doméstica.

Procura que todo lo que pueda mantenerse de la misma manera se mantenga así. Trata de no cambiar más cosas de las necesarias en la vida del niño. Déjalo en la misma escuela si es posible o por lo menos cerca de las cosas que le son familiares. No le quites todo lo que él conoce porque ese puede ser el único sentimiento de seguridad que tenga.

Siempre ten presente que no es importante que los niños sepan todos los detalles de lo que causó la separación. Evita discusiones de temas de adultos en presencia de ellos. A medida que crezcan de seguro empezarán a preguntar, y si tienen más edad podrán procesar la información con mayor facilidad.

Puedes intentar compartir la custodia del niño, de manera que él pueda tener a cualquiera de sus padres en cualquier momento en que los necesite. No quieres hacer del divorcio o la pelea por la custodia algo más terrible de lo que ya es. Esto simplemente va a complicar las cosas y hacer que todo sea más difícil. Es necesario mantener las cosas simples por los niños. No vas a querer que se sientan incómodos con todo lo que está pasando con el divorcio.

Testimonios

"Me costó mucho tomar la decisión de divorciarme de mi marido. Independientemente de lo que pudiese o no afectar a mis hijos, me negaba a aceptar que volvía a estar soltera, "en el mercado", como dicen. No tenía prisa por encontrar pareja ni nada parecido, pero lo cierto es que pensar en la soledad me abrumaba, pero más aún lo hacía verme saliendo por ahí con alguien. Mi amiga Chelo, que se había separado hacía unos meses, me presentó un día a varias amigas suyas que por distintas circunstancias no tenían pareja. Entre viajes, salidas, copas y tertulias, gracias a mis amigas olvidé rápidamente mi divorcio. Encontrar pareja sería algo agradable, pero no es algo que me obsesione.

Tampoco estoy con mucho ánimo para ligar, sino para conocer nuevas amistades."

Juanita, 43 años.

"Tras mi divorcio atravesé una época que no se la deseo ni a mi peor enemigo. Me pasaba el máximo tiempo posible fuera de casa, fingiendo estar perfectamente bien 1°y aprovechando cualquier ocasión para relacionarme con alguien. Mis amigos se dieron cuenta rápidamente de que mi comportamiento no era más que una estrategia para no mostrar mis auténticos sentimientos y no acabar derrumbándome. Me aconsejaron visitar a un psicólogo que rápidamente me hizo ver que todos necesitamos un periodo de "luto", un tiempo de reflexión y aceptación para recuperar la serenidad."

Daniela, 37 años.

"Mi esposo y yo estuvimos meses peleando y discutiendo antes de tomar la decisión. Cuando por fin decidimos divorciarnos, caí en una depresión horrible. Mis únicos pensamientos se centraban en la soledad y en mis pocas posibilidades de volver a tener pareja. Gracias a mi familia y amigos conseguí salir adelante, y poco a poco, y con cada vez una actitud más positiva, empecé a salir más y a relacionarme con personas nuevas. Tuve un par de relaciones serias que no fueron bien, pero gané dos amigos. De momento no he vuelto a encontrar la estabilidad y el amor, pero ya no tengo miedo y veo el futuro con ilusión."

Elisa, 48 años.

Sufrimientos del Alma
(Autor desconocido)

Los sufrimientos del alma no dejan encargos, sino que imprimen una sentencia que permanece durante años.

Tal vez sea un empleo que se perdió incomprensiblemente, o un amor que acabó mal, puede que sea una boda que comenzó muy bien pero que ya se terminó, o quizás una amistad que concluyó debido a una traición… la cosa es que todas estas experiencias van dejando señas, marcas profundas que nos hieren.

Por eso es que necesitas ocuparte de los sufrimientos del alma, para que te sirvan solo de aprendizaje, y para que puedas extraer de ellos la capacidad de fortalecer tu ser interior. Cuando lo hagas te darás cuenta que lo mejor de ti aún está en dentro de ti. Aprenderás que si te amas incondicionalmente descubrirás la autoestima.

Siempre ten en cuenta que si te empecinas en seguir por el sendero del dolor y la lamentación, descenderás muy rápido al camino oscuro de la depresión. Los sufrimientos del alma no se van en un día, y ciertamente no cambian de un momento a otro. Sabes que solo quien los siente puede confirmar el trastorno y la destrucción que ellos causan.

Así que decide amarte para poder amar y para ser verdaderamente amado. Elige sonreír para que el mundo sea más bondadoso. Aprende de tus fallas, y con el tiempo las verás mucho más pequeñas de lo que las ves ahora. No te compares: ¡eres única!

Nunca dejes de soñar, porque los sueños son el combustible de la realización. Aprende a tener amigos y procura ser el mejor amigo de todos ellos. Desarrolla tu poder de seducción y siéntelo latiendo fuertemente en tu pecho. Aprende a estimularte para que puedas contagiar al mundo entero con lo mejor de ti. La mayoría dice creer en Dios, pero si de verdad crees que Él existe, búscalo y ámalo con todo tu corazón, pues sin Él no existe nada y nada subsiste sin Él.

Y siempre ten la absoluta certeza de que la tormenta durará sólo un momento, recuerda que después saldrá con fuerza el arco iris y el sol brillará otra vez.

Agatha Christie dijo en una ocasión "Aprendí que en la vida no se puede dar marcha atrás, porque la esencia de la vida es ir hacia adelante. En realidad, la vida es como una calle de sentido único."

Libro gratis

 Sé que tal vez este libro que quiero obsequiarte llegue muy tarde, pero cabe la posibilidad de que no sea así, por eso decidí incluirlo. En él encontrarás la orientación necesaria e ideas prácticas para tratar de componer la maltratada situación amorosa con tu pareja. El mismo contiene muchos ejercicios prácticos para evaluar tu relación, mejorarla y poder así reconciliarte en el menor tiempo posible.

Si el divorcio ya es un hecho, entonces te servirá para el futuro. No dejes de leerlo, pues contiene información útil y relevante. Espero que te sea de ayuda.

Descárgalo desde Editorialimagen.com – Puedes ingresar al sitio y buscar "Cómo reconciliarte con tu pareja, si todavía crees que vale la pena" o escribir este link en tu navegador:

http://editorialimagen.com/dd-product/como-reconciliarte-con-tu-pareja-si-todavia-crees-que-vale-la-pena/

Estimado Lector

Nos interesan mucho tus comentarios y opiniones sobre esta obra. Por favor ayúdanos comentando sobre este libro. Puedes hacerlo dejando una reseña en la tienda donde lo has adquirido.

Puedes también escribirnos por correo electrónico a la dirección info@editorialimagen.com

Si deseas más libros como éste puedes visitar el sitio de **Editorialimagen.com** para ver los nuevos títulos disponibles y aprovechar los descuentos y precios especiales que publicamos cada semana.

Allí mismo puedes contactarnos directamente si tienes dudas, preguntas o cualquier sugerencia. ¡Esperamos saber de ti!

Más libros de interés

Cómo Recuperar a tu Pareja - Guía práctica para reconquistar a tu ex

En este libro descubrirás cómo volver con tu ex sin perder tu cabeza ni tu dignidad en el intento.

Si quieres saber cómo llegué a conquistar nuevamente a mi ex ignorando el consejo de otras personas y si quieres saber cómo tengo ahora una relación estable y feliz, luego de tres años de nuestra separación, este libro es para ti.

Historias Reales de Amor - Anécdotas verídicas de hechos románticos contemporáneos

Las historias que se exponen a continuación son todas reales. Historias llenas de emoción, pasión, desengaños, reencuentros, y todo lo que te puedas imaginar, y lo que no, en una relación amorosa real.

El amor romántico - Cómo Mantener Encendida la Llama del Amor en Todas sus Etapas.

¿Qué podemos hacer para mantener vivo el romance? Con tantos matrimonios que terminan en divorcio, ¿cómo logramos ser diferentes? ¿Cómo tenemos una relación satisfactoria que dure toda la vida? La autora responde éstas y otras preguntas a fin de edificar una base firme para un amor que soporte la prueba del tiempo.

Cómo Encontrar Pareja en Internet - Y Mantener una Relación Feliz y Duradera.

Relacionarse a través de la red puede parecer la cosa más simple del mundo, pero la realidad indica que no lo es. Debe ser tomado con seriedad si pretendemos obtener buenos resultados.

Alcance Sus Sueños - Descubra pasos prácticos y sencillos para lograr lo que hasta ahora no ha podido

Este libro ha sido escrito con el propósito de ayudarle a alcanzar aquellas metas que todavía no ha logrado y animarle a seguir luchando por aquellos sueños que está persiguiendo.

He dividido esta obra en 6 capítulos pensando cuidadosamente en todas las áreas involucradas en el proceso de alcanzar nuestras metas y lograr nuestros sueños.

El Arte De Resolver Problemas - Cómo Prepararse Mentalmente Para Lidiar Con Los Obstáculos Cotidianos

Todos tenemos problemas, todos los días, desde una pinchadura de llanta, pasando por una computadora que no enciende a la mañana o las bajas calificaciones de un hijo en el colegio. Sin embargo, debe prestar atención a sus capacidades para ser cada vez más y más efectivo.

Cómo Desarrollar una Personalidad Dinámica - Descubre cómo lograr un cambio positivo en ti mismo para asegurarte el éxito

La actitud correcta no sólo define quién eres, sino también tu enfoque y el éxito que puedas llegar a alcanzar en la vida.

En este libro aprenderás los secretos de las personas altamente efectivas en su negocio, cómo desarrollar una actitud positiva para tu vida familiar y tu profesión, cualquiera que esta sea.

El Fabuloso Poder Del Pensamiento Positivo - Cómo Manejar Los Momentos Frustrantes Y Convertir Las Dificultades En Un Entorno Productivo

El pensamiento positivo desempeña un papel muy importante en la vida. Una persona que piensa positivo acabará teniendo una vida más efectiva que alguien que piensa negativamente.

Un pensador positivo será capaz de permanecer optimista en cualquier situación que enfrente. Eso es porque no vive ni se estanca en lo negativo.